ナポレオン入門

Ⅰ世の栄光とⅢ世の挑戦

高村忠成

JN288124

第三文明社　レグルス文庫 262

はじめに

本書は、「ナポレオン入門」となっているが、いわゆるフランスの英雄ナポレオンのことを一から紹介・解説しているものではない。そのような書物、業績はすでに多くの人によって、これまでにも数多く出回っている。屋上屋を架すことは避けたいと思っている。ここではむしろ、最新のナポレオン研究の成果に基づきナポレオンを見る新たな視点を提供したいと考えている。したがって、本書は「ナポレオン入門」となっているが、むしろ正確には「最新のナポレオン研究入門」といった方がよいかもしれない。

では、どのような点において、本書が最新のナポレオン研究の書といえるのであろうか。ここで、本書の特徴を三点にわたって述べておきたいと思う。

第一に、ナポレオンを軍事戦略家・独裁者という視点から見ていないということである。彼には、もちろんそのような面があったことは否めないかもしれないが、ここではむしろ、なぜ彼がそのような性格を帯びざるを得なかったのかという問題を掘り下げながら、彼の置かれていた当時の政治・社会・軍事的状況を踏まえ、彼のとった施策の一つひとつを吟味してみたいと思う。すなわち、具体的にいうと、彼がフランス革命後の混乱したフランスの政治・社会をいかに立て直し、革命の理念に基づいた新しい国家を築いていったかという足跡をたどってみることである。ナポレオンを単なる軍事戦略家・独裁者と見るのではなく、彼を政治・経済・社会・文化面での政策の遂行者と見る視点である。現実に、ナポレオンのこのような業績によって、フランスは近代国家としての発展の基盤を整えていったのである。以上、ナポレオンを戦時の戦略家・独裁者と見るよりは、平時の行政官・政治家として見る視点が本書の第一の特徴となっている。

第二に、ナポレオンのことと同時にその甥《おい》であるナポレオンⅢ世のことを射程において、その両者の関係を詳細に論じていることである。日本では一般にナポレオンのことはよく知られているが、ナポレオンⅢ世についてはあまり知られていない。一部の人が、文豪ヴィクトル・ユゴーや共産主義者カール・マルクスらの著作を通して、その名前を知っている程度であるといっても過言ではない。しかし、実はナポレオンⅢ世こそナポレオンの甥として生まれ、ナポレオンなき後、十九世紀の中ごろに再びフランスに帝政を興した偉大なる皇帝なのである。ナポレオンの夢を再現した人物といってもよいであろう。ナポレオン帝政といった場合は、正確にはナポレオンによる第一帝政とナポレオンⅢ世による第二帝政の両方を含めて理解することが好ましい。これまで、第二帝政の方があまり注目されてこなかったということは、全体的なナポレオン理解という点からいうとあまり好ましいことではない。ナポレオンの業績は、甥のナポレオンⅢ世の出現とその実行力をもって完成されたといっても過言ではないからである。ナポレオンとナポレオンⅢ世とは、本来セットで論じられるべきなのである。本書は、この試みに挑戦している。第一帝政と第二帝政を連結させて論じた書は珍しいといってよいであろう。

第三に、本書は前述のナポレオンⅢ世と第二帝政を新しい視点から論じていることである。これまでナポレオンⅢ世や第二帝政というと否定的な面で見られることが多かった。ナポレオンⅢ世は凡愚な野心家と指弾《しだん》され、第二帝政はフランスの民主的共和制を逆行させたものとして俎上《そじょう》にのせられることが多かった。しかし近年のフランスの研究学界では、こうした見方とはまったく逆に、ナポレオンⅢ世と第二帝政が十九世紀の後半から二十世紀に至るフランスの近代国民国家形成への道を開いたものであるとして高く評価しているのである。筆者自身、ナポレオンとナポレオンⅢ世の研究を通してこの方向に強く首肯《しゅこう》しているものである。もしナポレオンがいなければ、もしナポレオンⅢ世がボナパルト家を再興しなければ、フランス革命の理念は果たして定着したであろうか。近代国民国家フランスの基盤は確立したであろうか。これは大いに疑問の残るところである。本書では、こうしたナポレオンⅢ世と第二帝政の新しい見方についても、近年の研究動向を踏まえ新しい視点から論じているのである。

以上、本書の特徴を三つの観点から論じてきたが、これでおわかりのように、本書は決して単なる「ナポレオンの入門」書ではない。しかし、本書を読まれることによってナポレオンの基本的な事柄をよくご理解いただけると思うし、同時にナポレオンとナポレオンⅢ世のことについても視野を広げていっぺんに把握《はあく》していただけるものと確信する次第である。

ナポレオン入門——I世の栄光とIII世の挑戦◉目次

イラスト　磯村仁穂
地図制作　澤井慶子

スウェーデン
王国
モスクワ
バルト海
プロイセン
王国
ロシア帝国
ワルシャワ
大公国
シレジア
プラハ
ヴィストゥラ川
バヴァリア
ウィーン
オーストリア帝国
王国
ドナウ川
黒　海
オスマン＝トルコ帝国
イスタンブール
ナポリ王国
シチリア王国

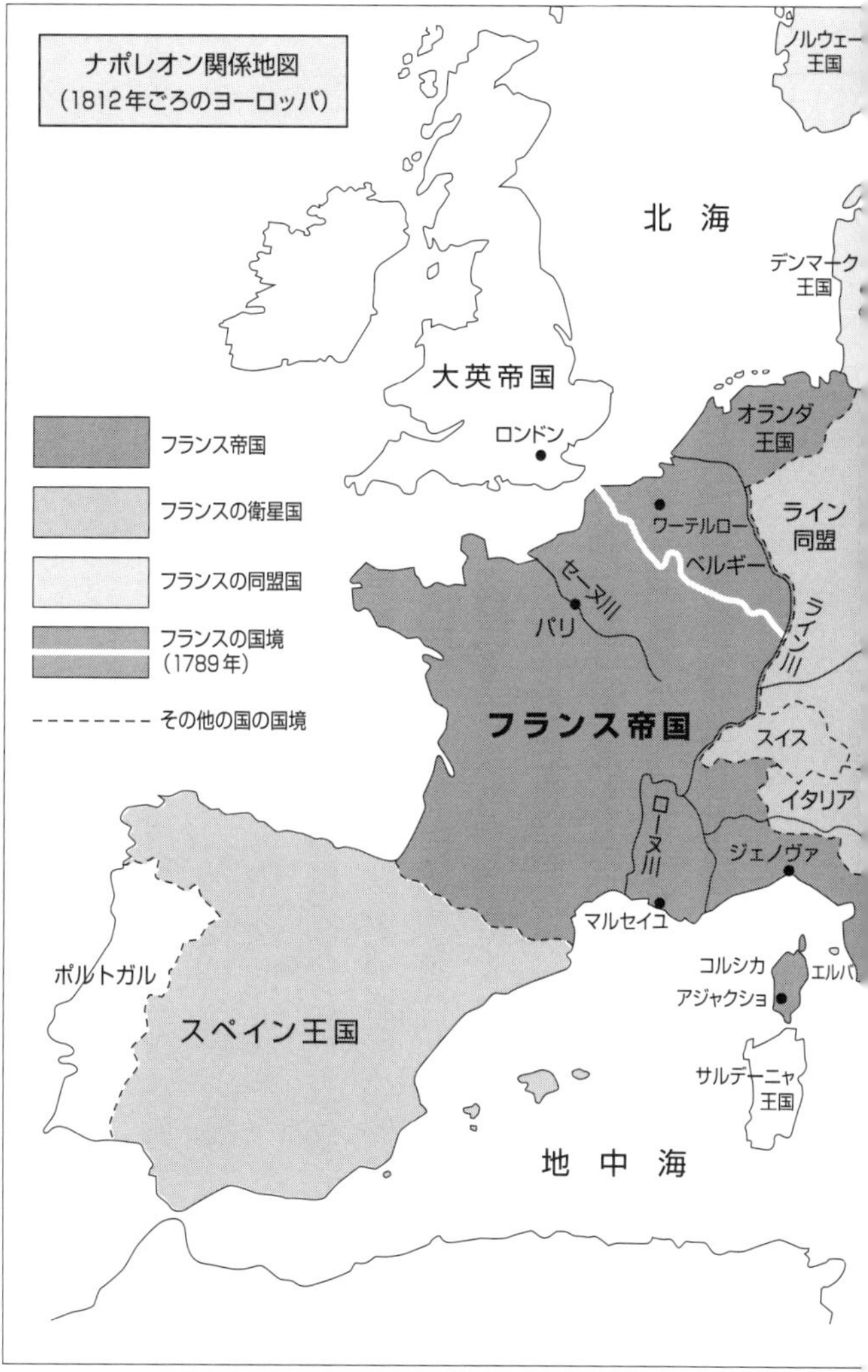
ナポレオン関係地図
（1812年ごろのヨーロッパ）
ノルウェー王国
北　海
デンマーク王国
大英帝国
ロンドン
オランダ王国
フランス帝国
フランスの衛星国
フランスの同盟国
フランスの国境（1789年）
その他の国の国境
ワーテルロー
ライン同盟
ベルギー
セーヌ川
パリ
ライン川
フランス帝国
スイス
イタリア
ローヌ川
ジェノヴァ
マルセイユ
ポルトガル
コルシカ
エルバ
アジャクショ
スペイン王国
サルデーニャ王国
地　中　海

第Ⅰ部

ナポレオン

第1章　ナポレオンの生涯

1　ナポレオンの幼少時代

ナポレオンは一七六九年にコルシカ島で生まれました。コルシカ島というのは地中海に浮かぶ島で、日本の四国の半分くらいの大きさです。当初はイタリア領でした。イタリアのジェノヴァ共和国という国の島でした。ところがコルシカ島の人たちは独立心が強く、自分たちは「コルシカ人だ」と主張し活発に独立運動を展開しました。あまりの激しさに、ジェノヴァ共和国も「もう、手に負えない」ということで、一七六八年、フランスにその島を売ってしまいました。すなわち、ナポレオンが生まれる一年前にコルシカ島はジェノヴァ領からフランス領になったのです。

二百五十年以上前ですから、今日と状況が全然違っていてジェノヴァ領からフランス領に変わったからといって、コルシカ人がすぐにイタリア語からフランス語を話すようになったかといえば、そんなことはまったくありません。たとえフランス領になったとはいえ、コルシカ人はずっとコルシカなまりのイタリア語を話していました。ナポレオンはコルシカ島がフランス領になった一年後に生まれましたので、当然フランス人ではありますが、文化や言葉などあらゆる環境はすべてイタリア風でした。フランス語も話せませんでした。

一七七九年、ナポレオンが十歳のとき、お父さんはナポレオンの将来のことを考えて「軍人にしよう」とフランスのブリエンヌ幼年学校に入学させます。お父さんは弁護士でしたが、貧乏な貴族でした。この時代、貧乏貴族が出世するには軍人になることが手っ取り早かったからです。「軍の学校」といいますと、なんだか頭の堅い軍人を育成するところというイメージが強いと思いますが、一般に当時は軍人になることは知的エリートになることでもありました。軍の学校では、軍事のことだけではなく、歴史・地理・数学・国語・文学・哲学などあらゆる学問を教えました。そのうえに軍事教練などがありました。けれども、ナポレオンは軍人になるつもりはありませんでした。

ブリエンヌ幼年学校

実際、ボナパルト家が輩出しているのは弁護士とか商人であって軍人はいないのです。ナポレオン自身、幼少のころは小説家になろうと思っていました。小説を書いたこともありました。ナポレオンは、後に歩むことになる、軍人とか革命を通して大政治家になるというようなつもりはまったくなかったのです。

とくにナポレオンは、思想的にルソーの『社会契約論』のような本に傾倒し、やがて一七九一年から一七九三年にかけて革命家ロベスピエールらが台頭してくると、彼らに同調するようになります。だんだん共和主義者になっていくのです。ルソーの思想、ロベスピエールらのジャコバン党の哲学、これらに傾倒していきます。こうしていくなかでナポレオンは、やがて単に故郷コルシカ島の問題だけではなく、フランスをどうするかという大きな考えを懐《いだ》くようになっていくのです。

ナポレオンが軍人として、また政治家として台頭していく過程には、次の四つの契機があったと考えられます。

第一に、ナポレオンの時代を読む目が優れていたということです。いわゆる先見の明があったといってよいでしょう。王制の時代は終わった。これからは、共和主義・自由主義・

民主主義の時代であるというように時代の流れをナポレオンは見抜くことができたのです。

第二に、人脈に恵まれたということです。ナポレオンはフランス本土の身分の高い旧貴族の出身ではありませんでした。ということは古い人的しがらみがなかったのです。むしろ新しい、革命を起こした人間とのつきあいの方が強かった。例えばロベスピエールの弟と親しくしておりました。また革命家バラスに認められたりしました。そのうえでジョゼフィーヌという社交界に顔のきく、妻をもらったりしました。こういう人脈に恵まれてナポレオンは革命の激流とともに革命の中枢を担う人間と懇意《こんい》になっていったのです。これがナポレオンを押し上げる力になったといえましょう。

第三に、彼は情報の使い方が非常にうまかったのです。例えばイタリア方面軍最高司令官としてイタリアに行けば、たちまち新聞を発行してイタリアでの戦況をパリにどんどん伝えました。とくに自分がイタリアでいかに戦っているか、ということを喧伝《けんでん》しました。彼は情報の持つ力を知悉《ちしつ》していたのです。インテリジェンス（情報）の名手なのです。言葉を換えていえば、情報を利用することによって自分の名前を広め、人びとの祖国フランスに対する愛国心を高揚させていきました。ナポレオンは人びとの間にたちまち人気を博していきます。情報とスピードによる自分の売り込みが大変に巧妙であったということが彼を一躍有名にしていきました。

第四に、彼の理想、大志、ないしは夢がどんどんと膨《ふく》れ上がっていったということです。彼は若き日、フランス語が思うように話せなかったため読書に没頭していました。その読書のなかからアレクサンドロス大王、ユリウス・カエサル、さらにはシャルルマーニュのことを学び、やがて自分も世界をリードしていく大人物になるのだという夢が非常に大きくなっていったのです。この内発的な力がナポレオンを大人物に仕立て上げる大きな原動力となったといえましょう。

まとめてみますと、①時代の動向を読む確かな目を持っていたということ。②人脈に恵まれたということ。③情報を巧妙に利用したということ。そして、④理想、大志、夢というものを大きく膨らませていったということ。これらが英雄ナポレオンを生む土台になっていたと思うのです。

一七八四年に、ナポレオンはパリの陸軍士官学校に入ります。そして一七八五年、砲兵《ほうへい》士官になります。砲兵士官とは、軍人として名誉である大砲を撃《う》つ一番下の下士官のことです。

ところが一七八九年に大事件が勃発《ぼっぱつ》します。フランス革命が起こったのです。これはまた後ほど詳しく述べますが、このフランス革命がナポレオンの運命を大きく変えることになります。革命の激動のなかで、ナポレオンは王党側の軍人であったにもかかわらず、革命派についてフランス革命を支持する態度をとったのです。一七九二年になりますと、フランス革命を弾圧しようとヨーロッパの周辺諸国が反革命戦争を仕掛けてきます。フランスは保守的なヨーロッパ諸国との革命戦争に入るのです。ここでナポレオンは果敢に戦います。フランス革命がなければナポレオンは平凡な一介の軍人で終わってしまっていたかもしれません。

一七九六年には、ナポレオンはフランス軍のイタリア方面軍最高司令官に任命になります。イタリアは当時オーストリアの支配下にありましたので、そのオーストリア軍を打ち破るためにナポレオンは派遣されたのです。イタリアに出発する直前にナポレオンはジョゼフィーヌと結婚しました。

そして一七九九年、ナポレオンは何をやっても内外の危機を解決できない、不甲斐《ふがい》ない政治家たちを見て立ち上がります。自分が政治の指導者となり、フランスの内外の危機を乗り越え、フランス国家を再建すると決断したのです。クーデターを起こして政治の実権を奪ってしまったのです。それがブリュメール（霧月）十八日のクーデターです。ナポレオンが三十歳のときでした。このクーデターでナポレオンは第一執政に就任します。第一執政とは、今日でいう大統領にあたるといってよいでしょう。

第一執政になったナポレオンは、フランス国家を再建するための手をどんどん打っていくのです。その詳細な事業は後に述べますが、ナポレオンが第一執政になってフランスは内外の危機を乗り越えて大きく安定していきます。

2　フランス革命とナポレオン

ナポレオンの業績を理解するためにはフランス革命について知らなくてはなりません。ナポレオンの歴史的意義がわからないといってもよいでしょう。そこで、少しフランス革命について述べたいと思います。

フランスという国は、フランス革命が起きるまでは、国王がいて、その下に僧侶・貴族・

ブルジョア階級がいるという厳格な身分制度をとる、封建的な政治社会体制の国でした。とくにブルボン王朝と呼ばれる王政時代に、それは絶頂期を極めていました。ところがそのブルボン王朝がやがて財政的に行き詰まり、ブルボン王朝に対する人びとの不満が爆発しました。人びとは「自由」「平等」「友愛」さらには「人権」という理念を掲げながらブルボン絶対王政に対して変革を迫ります。そして、そのような封建的な国家体制に代えて新しい国家の形をつくろうと試みました。これがフランス革命です。すなわち、フランス革命は封建的な国王の支配体制を転換して新しい国民共同体をつくろうという試みだったのです。

この新しい国民共同体をつくるに際して、理念としていったのがすべての人間は「自由」であり、「平等」であり、「友愛」の観念を持たなければならないという考えでした。「人権」が尊重されなければならないということも強調されました。こうした考えのもとに新しい国家、すなわち国民国家をつくろうとしたのです。

ところが、フランス革命はその理想は大変に素晴らしかったのですが、現実は悲惨でした。「自由」「平等」「友愛」「人権」という名のもとに、国王の首を切り、革命に反対する者、意見の違う者を次々と断罪していったのです。結果的に政治は乱れ、経済は混乱し、社会秩序はめちゃくちゃになってしまいました。人びとの心は激しく動揺したのです。すなわち、フランス革命の理想は立派でしたが、現実の社会は混乱につぐ混乱であったのです。

とくに、国王ルイ十六世を処刑してしまった反動は大きいものでした。当時のフランスを取り囲むヨーロッパの国々は皆王制をしいていました。イギリス、プロイセン、ロシア、オーストリア、そういう国々は皆国王の国でした。そのため、フランスで国王の首が切られたという情報が伝わってくると、「フランスはとんでもない」とフランス革命をつぶそうとして激しい干渉戦争に力を入れてきたのです。このように、当時のフランスは、革命による国内の混乱に加えて、諸外国からは干渉戦争という、まさに内憂外患《ないゆうがいかん》の状態でした。国家滅亡の危機に瀕《ひん》していたといってよいでしょう。

こういう大変な状況を見ていたナポレオンは決意します。「これではもうダメだ、何も状況を変えられない政治家たちにまかせておくことはできない」と決断するのです。ナポレオンは軍人という立場を超えて、政治家としてフランスの安定、秩序の回復、対外的な安全保障に努めようと立ち上がったのです。そして混乱したフランスの社会を平定します。

秩序を取り戻し、諸外国からの干渉戦争に対しても勝利を収め、平和を勝ちとっていくのです。

実に、ナポレオンはフランス革命のなかから生まれた革命の落とし子、革命の継承者、革命の完成者といってても過言ではないと思います。ナポレオンがいたからこそフランス革命は成就し、完成し、新しい時代が開けたといってても過言ではありません。

ただ逆にいいますと、もしフランス革命がなかったならば、ナポレオンの偉業はなかった。彼はただの平凡な軍人で終わってしまっていたかもしれません。フランス革命が英雄ナポレオンを生んだのです。こう考えますと、フランス革命とナポレオンは、切っても切り離せない関係にあったといってよいでしょう。革命という動乱を抑えたのがナポレオンです。ところが、その革命という動乱がなければナポレオンという偉大な人物は生まれなかったかもしれない。

実に激動は人を生み、人は激動を乗り越えて新たな歴史をつくっていくものである、と思います。

3　革命後のフランスの安定

ナポレオンはフランス革命を平定し、フランスに平和と安定をもたらしましたが、とくに、彼の功績で重要なものを二点挙げておきましょう。それは第一に宗教協約の締結《ていけつ》（一八〇一年）。第二に民法典の制定（一八〇四年）です。

第一の宗教協約のことから説明していきます。

ナポレオンは一八〇一年に宗教協約を結びました。これはローマ教皇と結んだ協定で、「フランス革命はカトリックを否定したが、ナポレオンはカトリックを認める。そのかわり、ローマ・カトリック教会はフランス共和国を承認してほしい」というものです。

前述したように、フランス革命はルイ十六世を中心とする王制という体制を覆《くつがえ》す戦いでした。王制を支えていたのはキリスト教に基づく王権神授説という思想でした。王権神授説とは、簡単にいうとキリスト教を信じ、それで救済されるには世俗的には国王に忠誠を尽くすことが必要である、なぜなら、神は世俗の統治を国王に託したからであるという説です。それが結果的にはキリスト教による王権の強化につながります。

こういう考えにフランス革命は「ノー」と言ったのです。国王に尽くすことがキリスト教に奉仕することにはならない。国王に仕えても神の救いを得られるとは限らないと革命家たちは主張しました。したがって、王制を否定するには精神的な側面からいいますと、その支柱をなしていたキリスト教も否定しなければなりませんでした。

そのためフランス革命が激化しますと、革命政府は教会の財産を没収してしまいます。僧侶も弾圧します。同時に、国王を支えていた貴族も迫害します。教会の僧侶や貴族などは、革命政府の圧迫から逃れるため、多くが国外に亡命してしまいました。これがフランス革命でした。ナポレオンが政権をとったとき、まず考えたのは革命政府が追放した僧侶や貴族の扱いをどうするかということでした。

革命政府は僧侶や貴族から没収した教会財産や土地を分割して、農民に安く売ってしまいました。農民にしてみれば革命によって、これまで僧侶や貴族が持っていた土地を手にすることができたわけです。そのため農民たちは、キリスト教が弾圧されたことには不満でしたが、自分たちが土地を持てるようになったことには満足しました。

ところが、革命後の社会は安定せず、最終的にナポレオンが政権をとりました。すると農民たちは不安にかられます。せっかく自分たちが手に入れた土地をナポレオンによって取り上げられてしまうのだろうかと懸念するのです。実は、この問題はナポレオンにとっても大きな課題でした。革命のなかで、教会や貴族から農民に分け与えられた土地はどうすればよいのか。また、追放された僧侶や貴族たちをどう処遇すればよいのか。ナポレオンは思案します。

その結果、ナポレオンは一つの決断を下します。それは、革命によって得た土地を再び農民から取り上げることはしない。農民の所有を保証します。そして、外国に亡命した僧侶や貴族に対しては、革命政府によって没収された土地や財産を再び返すことはしないが、ただし、これ以上弾圧したり迫害することはないと帰国を促します。ナポレオンは、僧侶、貴族、農民というすべての階層の人びとに安心感を与える政策をとるのです。

とくにナポレオンは宗教に対しては気を使いました。農民はフランス人口の七五パーセントを占めている。その農民のほとんどがカトリックの信者である。キリスト教を信じている七五パーセントの農民にキリスト教徒であることをやめよというのは非現実的である。そこでナポレオンは、カトリックの信仰は認めよう。ただし、かつてのルイ十六世の時代のような国教にはしない。「フランス人の大多数」の宗教とする。「フランス人の大多数」

の宗教がカトリックである、とその存在をナポレオンは認めたのです。と同時に、カトリックは認めるから、ローマ・カトリック教会はナポレオンのフランス共和国を国家として承認しなさい、と要求したのです。

このようにナポレオンがローマ教皇ピウス七世と和解した協約を「宗教協約」（コンコルダート）といいます。一八〇一年のはじめのことです。カトリックを弾圧しない、それは「フランス人の大多数の宗教」であると認める。その代わりローマ・カトリック教会はナポレオンのフランス共和国を承認する、ということによってキリスト教との和解を図ったのです。これによってフランスのカトリック信徒は精神的な安定を得ることができるようになりました。革命のときはカトリックは否定されたが、ナポレオンになって信仰することが保障された。ここに、人びとは安心感を持つと同時に、フランス国民として精神的な統一を図ることができるようになったのです。

なお、ナポレオンはカトリックだけではなくプロテスタントも、ユダヤ教も、そして、イスラム教さえ、その信仰を認めたのです。信仰の自由を承認することが、人びとの精神的安定にとって必要であるとナポレオンは見抜いていたのです。

第二の民法典の制定について述べます。

フランス革命は「自由」「平等」「友愛」「人権」をその達成すべき理念として掲げました。問題はそれを政治、経済、社会の各分野でいかに具体化していくか、ということです。ナポレオンはこの革命の理念を踏まえた民法典の完成に取り組んだのです。それは、一八〇四年三月三十一日に完成します。

民法とは人びとの私生活上の決まりであり、ルールです。これをきちんと体系化し、整備することが人びとの社会生活の安定に寄与します。ナポレオン以前にも民法はありましたが、それは地方や地域によってバラバラでした。革命政府はそれを統一しようとしましたが、完成には至りませんでした。ナポレオンがそれに挑戦したのです。彼は民法のなかに革命の理念を取り入れ、家族とか、結婚の形態など人びとの社会生活を統一されたものにしました。この民法典の完成によってフランス人の世俗面での生活の安定が達成されたのです。

このようにナポレオンは宗教協約によって人びとの精神的な統一を図り、民法典によって人びとの世俗生活面での安定を可能にしました。この二つによってナポレオンはフランス革命がもたらした混乱を、精神面と世俗面から収拾することに成功したのです。

この二つを達成したうえで、一八〇四年五月十八日にナポレオンは皇帝に即位し、同年十二月二日に皇帝の戴冠式を挙行します。そして一八〇七年から一八一〇年にかけてフランスの領土は最大に広がり、ナポレオン帝国は絶頂期を迎えたのでした。

4　ナポレオンと独裁制

では次に、ナポレオンはなぜ強権的、あるいは独裁的ともいえる体制をしいたのでしょうか。また、しかざるを得なかったのでしょうか。この点について、当時の時代にさかのぼって考えてみることにします。

第一に、当時の状況というものがあります。

当時は、フランス革命の勃発《ぼっぱつ》によって社会が大混乱しておりました。フランス革命は、「自由」「平等」「友愛」「人権」という思想を理想として掲げていましたが、現実には、それまでの王制を倒してしまったわけですから、もう社会は破綻《はたん》し、政治は乱れ、経済はめちゃくちゃになってしまいました。人びとの生活は、混乱の極みに達してしまうのです。

こういう状況を前にして、ナポレオンはその混乱を立て直すためには、強力な力を発揮せざるを得ない。左右両勢力からの攻撃を前に、強い力で社会秩序の回復を図ろうとするのです。そうでなければ、政治体制は脆弱《ぜいじゃく》で機能しなくなってしまいます。しかし、そのようにしながらも、ナポレオンは革命の理念の定着化を試みます。強権を発揮しながらも、民主的な措置を講じていこうとするところにナポレオンの統治の特徴があります。

当時の状況を考えれば理解できると思いますが、とにかくあらゆる政治的党派が入り乱れ、混乱している社会のなかで、その秩序を回復し、維持するためには、強力な力を発揮し、安定を確保するしか確たる展望は開けなかったのです。

第二に、ナポレオンは強力な力を発動しながらも、この力は自分自身の野心によるものではない。あくまでも人民の意思に基づいて、人民の意思の負託《ふたく》を受けて成立しているものであるということを強調します。すなわち、権力の正当性の淵源《えんげん》を人民の意思に求めたのです。

ナポレオンは、クーデターによって権力を奪取し、新憲法を定めて第一執政に就任したとき、それが正当であるかどうか人民投票に諮《はか》ります。人民投票を行って、国民から自分が権力を取得することの承認を取りつけるのです。その結果、彼は圧倒的多数の人びとから賛成を得て、権力保持の正当化を図るのです。

その後にナポレオンは終身統領になることを提案します。そのときも、このことを国民は認めるかどうか国民に諮ります。人民投票にかけるのです。国民はまたも、ナポレオンの終身統領に対して圧倒的多数をもって「賛成」を表明しました。一八〇四年に皇帝になったときも、人民投票で国民の支持を取りつけました。

このように彼は、強権を発動する必要があったのですが、その際、それは必ず人民の意思に立脚したものであるという手続きを踏んでいったのです。

第三に、軍事的勝利です。

ナポレオンは次から次へと戦争を行いました。ただ、その戦争の理由を見ると、段階的に三つの性格を持っていたことがわかります。

第一段階の初期のころの戦争は防衛戦争でした。すなわち、フランスやナポレオンが仕掛けた戦争ではありませんでした。フランスに革命が起こり、王制を倒そうとした。そのため、王制をしく保守的な周辺諸国がフランス革命をつぶそうと戦争を仕掛けてきたのです。フランスとしては革命を守るため、やむなくそのような諸国からの挑戦をはねのけなくてはならなかった。戦いをせざるを得なかったのです。これが第一段階の戦争の性格です。

第二段階の戦争は、ナポレオンがフランス革命の理念を諸外国に広め、フランスの版図《はんと》を拡大しようとしたところにその特色がありました。そのため、この段階での戦争は、むしろナポレオンが積極的に仕掛けたといってよいでしょう。防衛戦争から侵略戦争に転化したといえるかもしれません。

第三段階の戦争は、再び諸外国からの攻撃戦争という形になります。ナポレオンは平和を維持しようとしますが、オーストリア、プロイセン、イギリスなどの国がナポレオンの支配を許しません。和平交渉を一方的に破ってナポレオンを攻め落とそうとしたのです。ヨーロッパを統一したヨーロッパという形をとるナポレオンの帝国構想に、ヨーロッパ諸国は激しく反発し、ナポレオンを倒そうとしたのでした。

このように、一口にナポレオン戦争といっても、彼が積極的に行ったものばかりではなく、むしろ周《まわ》りから仕掛けられたものも多かったという、多面的な性格があったといえましょう。しかし、戦争の性格がどのようなものであれ、ナポレオンがそれらに打ち勝っていったことが、ナポレオンの支配を正当なものとする、権力基盤の強化につながっていったことは否定できません。
　ともあれ、以上のように国内体制の強化を図り、諸外国からの干渉をはねのけるためにナポレオンがとっていた、一貫した姿勢がありました。それは、次のようなものです。

「強くあらねばならない[★1]」

「強くなければフランス革命は失敗に終わってしまうし、ましてや革命の理念でもって世界を引っぱってゆくことはできない」ということです。「強くあること、強くあることが世界をリードする秘訣《ひけつ》である」。
　そしてこれは、皮肉なことなのかもしれませんが、ナポレオンは戦争を通してフランス革命の理念を世界に広めていきました。また、軍事的な勝利を重ねることによって、ナポレオンはフランス国民に初めて、「われわれはフランス国民である」という国民の誇りを持たせることに成功しました。すなわち、現代的な言葉でいえば、フランス国民が初めて「われわれはフランス人である」というナショナリズムの意識に目覚め、愛国の情に燃えて、フランス国家を発展させていこうとしたのです。このように、フランス革命の理念はナポレオンによってヨーロッパに広まり、また、彼の戦いによってフランス国民はナショナリズムという一体感を持つことができるようになったのです。

ナポレオンがなぜ独裁的ともいえるその体制をしいたのか、また、そこから何が生まれたのかということについて述べてきました。まとめますと、それは一つに、左右両勢力から攻撃されるという不安定な当時の状況があったこと、二つに人民の意思を尊重しながらその強大な権限を確立していったこと、三つに軍事的な勝利とその勝利を通じての革命の理念の世界への浸透を図ったこと。また、フランス国民に誇りを持たせ、ナショナリズムの観念を高揚《こうよう》させていったこと、以上の三点があったということを確認しておきたいと思います。

5　ナポレオンの敗北

ナポレオンは、自分の実子が欲しいという理由で一八〇九年にはジョゼフィーヌと離婚し、一八一〇年、オーストリア皇帝の娘・マリー・ルイーズと結婚します。そして翌年には待望の男子が誕生します。このころがナポレオンの絶頂期でした。フランスは広大な領土を持ち、ナポレオンは皇帝として思いのまま振る舞うのです。

ところが、ナポレオンは一八一二年にロシアに遠征し、そこで失敗します。つまずくのです。ロシアが大陸封鎖を無視して、イギリスとの交流を継続していることを知り、こらしめようとしたのですが、できなかったのです。

さらに一八一三年には、「諸国民の戦争」（ライプツィヒの戦い）という、オーストリア、プロイセン、ロシアを敵に回しての戦いに敗北します。その結果、一八一四年に皇帝を退位しエルバ島に流されます。ところが、ナポレオン亡き後、国王ルイ十八世の復活の評判がよくないことを聞き、彼は奮起し、一八一五年にエルバ島を脱出します。そしてパリに入城し、再び皇帝に即位します。復位するや、今度は有名なワーテルローの戦いに臨みます。ワーテルローの戦いとは、イギリスとプロイセンを敵にしての大戦争です。結果はナポレオンの敗北でした。ナポレオンがエルバ島を脱出し、一八一五年三月パリに入り皇帝に復位してから、ワーテルローの戦いに敗れ同年六月退位するまでの間が百日なので、「百日天下」といわれています。今度はセント・ヘレナ島という大西洋に浮かぶ絶海の孤島に流されてしまいます。

それでは、連戦連勝のナポレオンがロシアとの戦争につまずき「諸国民の戦争」に敗北するわけですが、その原因がどこにあったのか、これを見ておきたいと思います。ナポレオン体制破綻《はたん》の原因とでもいえましょう。

ナポレオンのつまずきの第一の原因は、なんといってもイギリスとの競争に勝てなかったことにあります。

イギリスとの競争、これはフランスの永遠のテーマでもありました。すなわち、英仏百年戦争以来、イギリスとフランスは敵対の関係にありました。あるときはイギリスが勝ち、あるときはフランスが勝利しました。ジャンヌ・ダルクの時代はフランスが勝ちましたけれども、その後はまたイギリスが勝利してナポレオンの時代に入ります。イギリスはフランスよりも一世紀以上も早く、十七世紀には産業革命を達成していました。そのためイギリスは大変な経済力と工業力を持っていました。軍事力、とくに海軍力には優れたものがありました。経済力と工業力に勝るイギリスにフランスはどうしても勝てませんでした。ナポレオンは戦争ではかなり強かったのですが、どうしてもイギリスとの戦いには勝利できませんでした。これがナポレオンの命取りになるのです。

第二の原因は、スペインに出兵して、スペインの内政に干渉《かんしょう》したことです。これがまた、ナポレオンにとっての大きなつまずきになります。ナポレオンはスペインを見くびっていたのです。スペインの内乱干渉に足を取られたことがナポレオンの敗北の始まりになります。

第三の原因は、オーストリアとプロイセンのしぶとさです。何回も何回もナポレオンはオーストリアとプロイセンと戦争をやってそのときは勝つのですが、その両国を完全に敗北させることはできませんでした。ある戦闘では勝利しても、この両国は粘って、最後はイギリスと組んでナポレオンを打ち破ってしまうのです。

第四の原因は、ロシアの存在です。

ロシア攻略の失敗がナポレオンにとって、大きな命取りになるのです。第二次世界大戦のとき、ナチス・ドイツがソ連を陥落させようと侵攻しますができませんでした。これとやや似ているのがナポレオンのロシア遠征の失敗です。ロシアはナポレオンの大陸封鎖を破り、イギリスとの交易を始めます。その制裁として一八一二年、ナポレオンはモスクワに遠征します。しかしそれは失敗に終わりました。このロシア遠征の失敗が、ナポレオンにとって非常に大きな痛手となったのです。

第五に、これは大変に皮肉な問題です。ナポレオンは諸外国に、「自由」「平等」「友愛」「人権」の理念を教えていくわけですが、その結果、諸国家が逆に、「自由」「平等」「友愛」「人権」、さらに「ナショナリズム」の意識に目覚めてナポレオンに抵抗するようになってきました。ナポレオンにしてみれば、自分の教えた理念によって、逆に自分が反抗されるという皮肉な結果に陥《おちい》ってしまったわけです。

第六に、ナポレオンの個人的な問題です。ナポレオンが四十歳を過ぎ、体力が衰えていくにしたがって、決断力・判断力が鈍《にぶ》っていきます。若き日のナポレオンは、即断、即決でもって戦いを進めていました。しかし、体力や気力が衰えていくと、そうした力も鈍っていきます。それはやがてナポレオンにとって命取りになるのです。例えば、ロシア遠征、ワーテルローの戦いの敗北なども彼の判断力の鈍さに原因があったのではないかといわれています。

第七に、ナポレオンの戦闘方法です。

かつて戦場が山間部などで狭いときは、ナポレオンの戦い方は、大変有効でした。一点突破、全面展開という戦闘方法は実に効力を発揮しました。しかし、だんだん戦域が平野などに広がっていくと、これまでの方法では通用しなくなっていきます。また、彼の戦い方も、敵に見抜かれてしまうようになりました。

このようないくつかの条件が重なって、ナポレオンはやがて滅びていったのです。そして流刑となり、セント・ヘレナ島で六年間を過ごし、一八二一年五月五日、五十一歳のその生涯を閉じました。

6　セント・ヘレナ島でのナポレオン

ところが、ナポレオンのすごいところはセント・ヘレナ島での六年間の生活です。ナポレオンはただじっとして、何もやっていなかったわけではありません。セント・ヘレナ島への流刑が決まったときから、彼は自分自身の生涯と足跡を口述筆記させ、回顧録を発表していくのです。自分がなぜ多くの戦闘をしたのか、自分がどういう業績を残したのか、そうした自身の生涯を綴《つづ》った記録を残していくのです。それは『セント・ヘレナ日記』という形の本になり、彼がセント・ヘレナ島にいるときから、フランスなどでベストセラーとなり、多くの人びとに読まれていきます。

　そしてそれは、ナポレオン死後、十九世紀において、「ナポレオン伝説」という形になっていきます。「ナポレオン伝説」はフランスのみならず世界を席巻《せっけん》し、十九世紀は「ナポレオンの時代」といわれるまでになります。ナポレオンを主題とした小説・文学・詩などが次から次へと現れたのです。このような状況を見て、フランスの十九世紀の文学者シャトーブリアンはこのように言いました。

「ナポレオンは、生きているときには世界を支配できなかった。しかし、死んでからは世界に君臨した」★2と。ナポレオンの執念の勝利といってよいでしょう。

　このような言葉に代表されるように、ナポレオンは生きているときは現実にヨーロッパのほとんどの国々を支配しましたが、世界を制覇するまでには至りませんでした。しかし、死んでからは十九世紀はナポレオンの世紀になり、さらに彼の名前は全世界に浸透していきました。こういうところから、シャトーブリアンは「ナポレオンは死んでからは世界に君臨《くんりん》した」と言ったのです。事実、ナポレオンの遺産は、今日においても燦然《さんぜん》と輝いているといっても過言ではありません。また、それから三十年後、彼の甥《おい》のナポレオンⅢ世が出現し、ナポレオンの夢の再現を果たすのです。

以上、ナポレオンの生涯をフランス革命という時代の激動と関連させながら述べてきました。そこで次に、それでは一体ナポレオンはどういう業績を残したのか、その主なものを紹介したいと思います。それを見ると、ナポレオンという人は、単なる軍人ではなく実は政治家として、ときに行政官として、産業・文化を中心に今日にまで残る大きな業績を築いてきたということがおわかりいただけると思います。

第2章　ナポレオンの遺した業績

ナポレオンはフランス革命に対して「革命は終わった」と宣言しました。すなわち「自由」「平等」「友愛」「人権」の理念を掲げて行われた革命は終結したとしました。これは何を意味するかといいますと、革命のもたらした混乱、社会不安、あるいは諸外国からの干渉、そういうものはなくなる、これからは安定した社会になるということを指していきます。こういう意味を込めて、ナポレオンは「革命は終わった」と宣言したのです。

そして彼は、「人権宣言」が掲げた人民主権というのは単なる原理ではない。本当に人民のための政治というのが行われてこそ人民主権原理が実現されることになる。このようにナポレオンは断言し、革命後の混乱した社会のなかから人民のための新しい国家の建設に取り組んでいったのです。ここで後世に遺《のこ》るナポレオンの業績のなかから主なものを見ていきたいと思います。

1 社会的融和

第一に、「社会的融和」を図ったことです。

すなわち、フランス革命は人びとの間に亀裂《きれつ》を生じさせてしまいました。また、階級間の激しい対立を引き起こしました。王制の時代は国王がいてそのもとに僧侶、貴族、ブルジョワ階級がいました。このように階級や身分がはっきり分かれていましたが、それなりの安定を保っていました。ところが、フランス革命はそのような身分秩序を破壊し、階級間に強烈な亀裂をもたらしました。自由・平等・友愛の理念のもと、僧侶を迫害し、貴族を弾圧し、また革命の方法に異を唱える人びとを殺戮《さつりく》しました。その結果、人びとの間に不信と憎悪、対立と敵対の気持ちを引き起こしてしまったのです。社会は大混乱に陥りました。ナポレオンはこうした分裂状況の修復に取りかかったのです。

すなわち、僧侶や貴族に対しては、もうこれ以上弾圧はしないのでフランスに戻ってくるように促《うなが》します。急進的なブルジョア階級には、これ以上の流血の惨事は認めない、特権階級に対する弾圧は禁止すると制止し、そのかわりに所有権を保障します。また、革命によって土地を得た農民たちに対しては、その土地を取り上げることはしないといって安心させます。このように、ナポレオンが社会のあらゆる階級、階層の人びとに満足感を与えてくれることに対して、社会のあらゆる人びとが満足します。各階級や階層の人びとは、ナポレオンによって恐怖や不安が解消され、納得のいく利益をそれぞれが得ることになったのです。実に、ナポレオンが各階級や階層の利益を、調和を図りながらまとめていく力量というものは、おどろくべきものであったといえましょう。

しかも、ナポレオンは新国家建設のための人材登用方法においても新機軸を打ち出します。それまでの「貴族だから」、優秀な「僧侶の関係者だから」、というような家柄・血筋・遠戚《えんせき》などによって人材を登用することは一切しませんでした。彼は、あくまでも能力主義・功績主義で人をとりたてました。これを「メリットクラシー」（能力・実力主義）といいますが、こういう方法を採用したため、ナポレオンの周りには優秀な人材が集まってきたのです。とくに、将軍の登用には、大胆なコルシカ人の気性からか、役職・立場にかかわらず優れた人物を果敢《かかん》に登用したといわれています。一説には、ナポレオンの時代に、十七人もの人が、一介の兵士から王、元帥、公、将軍にまでなったといわれています。

また、フランスの最高の勲章《くんしょう》として「レジォン・ドヌール」勲章というのがあります。「レジォン・ドヌール」。レジォンとは「軍団」、ドヌールとは「名誉の」。すなわち「名誉の軍団」という意味ですけれど、この「レジォン・ドヌール」勲章という制度を定めたのもナポレオンです。彼は国家の発展に功績があった官吏・軍人、さらに民間人を問わず、すなわち階級・官職にとらわれずに、国家の発展に功績があった人に勲章を授けるという制度を設けました。これが、誇り高いフランス人の虚栄心をくすぐり、人びとに国家発展のために尽くす気持ちを起こさせました。あらゆる人びとが気持ちを一つにして社会の進歩に貢献しようと団結するようになったのです。

このように、ナポレオンは階級間の対立あるいは階層間の亀裂を修復すると同時に、人材の育成と登用という側面においても、巧みに平等・公平な方法や人間の心理を巧妙に操作する手段を導入して、社会の融和を図っていったのです。

2　政治体制の安定

第二に、ナポレオンは「政治体制の安定」をもたらしました。

これは第一の「社会的融和」と通ずるものがあります。社会の融和が図られたために政治も安定しました。その際ナポレオンは、とくに「世論」を重視します。彼は世論をまとめるのに古代ローマ時代に行われていた、いわゆる「人民投票」という方法を採用します。自分がクーデターを起こした後、彼は憲法案を作りその承認を人民投票に求めます。実質的には自分のクーデターを認めてくれるかどうか、人民に諮《はか》るのです。また終身統領になるとき、それを承認してくれるかどうかも人民投票にかけます。さらに自分が皇帝に即《つ》いた際、人びとはそれを認めてくれるかどうかも人民に求めました。このようにナポレオンは人民の意向である世論を重視し、そこに自分の権力の正統性の基盤を定めようとしたのです。そうすることが政治体制の安定につながると考えていました。彼は革命の理念である民主主義を継承するという立場をとっていましたから、世論の支持による政治体制の確立に心を配っていたのです。

3　宗教政策

第三に、宗教政策です。

これも前述しましたが、ナポレオンは宗教を重視していました。彼自身は宗教を信じませんでしたが、宗教の持つ力は高く評価していたのです。そのため彼は巧みな宗教政策をとりますが、その背景には次の二点がありました。

一つには、彼は現実をよく見ていたということです。フランス国民の七五パーセントは農民であり、そのほとんどがカトリック教徒である。この現実を無視することはできない。すなわちカトリックを尊重することが国民生活の安定につながるという現実的な判断がナポレオンには働いていたのです。宗教は体制の安定にとって不可欠であると考えていました。

二つ目に、彼自身の宗教観は、「宗教は魂の休息であり、希望であり、不幸な人びとの頼みの綱である[★1]」「宗教は社会秩序の神秘である[★3]」というものでした。そのため、宗教、とくにカトリックを大事にしました。だからといって、カトリックを昔のように政治権力と結びつけることはしませんでした。カトリックを強大化させませんでした。ナポレオンがとった政策は、カトリックを「フランス人の大多数の宗教」とする、というものでした。国教にはしないが、カトリックを公の宗教として認めたのです。信教の自由の保障です。

この措置《そち》に理解を示したローマ教皇は、ナポレオンのフランス共和国を国家として承認しました。これを「宗教協約」といいます。そして、ナポレオンはカトリック教会を政府の管理下に置き、聖職者には政府が給与を払うという形にしました。

ナポレオンのこのような宗教政策には、もちろん一つの計算が働いていました。カトリック教会を政府の管理下に置くことによって、それがかつての保守派、王党派と結びつくことを防いだのです。ともあれ、こうしたナポレオンの巧みな宗教政策によって国民は安心してカトリックの信仰に励むことができたのです。

しかもナポレオンは、カトリックだけにこうした措置を認めたわけではありません。彼はキリスト教のプロテスタントに対しても自由な信仰を認めたし、ユダヤ教に対しても宗教の自由を保障しました。さらに、イスラム教に対してもナポレオンは寛大な措置を講じました。彼がエジプトに遠征したとき、彼は部下に対してイスラム教徒を弾圧してはならない、イスラム教徒が信じている宗教をそのまま認めなければいけないと忠告しました。

ナポレオンの兵士のなかにはイスラム教に改宗するものさえいたといわれています。実に、各宗教とも、このようなところからナポレオンに対して多大な信頼を寄せるようになりました。

このようにナポレオンは、一面では強大な権力を発動しましたが、反面では信教の自由・文化の共存、人びとの共生を容認しました。多様性や人間の調和を重視したのです。こうしたことが、ナポレオン体制への人びとの精神的な統合を図るうえで大きな役割を果たしたのでした。

4 民法典の編纂

第四に、「民法典の編纂《へんさん》」です。これも前に少し述べました。ローマ・カトリック教会との和解、また信教の自由を認めたことで、ナポレオンは人びととの精神的安定を図ることに成功しました。それに対して今度は民法典を定めることによって、人びととの世俗的な一体感をもたらしたのです。民法典を編纂したことはナポレオンの業績のなかでもひときわ輝きを放っております。すなわち、新しい民法典によってそれまでの封建的でバラバラなものを、民主的な、しかも統一されたものにしたのです。すなわち、民法典の制定は世俗面で人びとの生活形態を一体化させたといっても過言ではありません。民法典は人びとの生活面から国家の安定を図るのに欠かせないものだったのです。

ナポレオンはこの民法典の編纂に大変力を入れました。民法典が完成するまで百二回もの審議会が開かれましたが、彼自身五十七回もその会議に参加し、さまざまなことを取り決めていったのです。そして、一八〇四年三月二十一日、二千二百八十条からなるフランス人の民法典が公布されました。それをもって同年五月十八日、ナポレオンは皇帝に即位し、同十二月二日盛大に皇帝戴冠式《たいかんしき》を挙行したのです。

民法典では封建的な制度や慣習が廃止され、私的所有権の絶対や個人の意見の自由、家族の尊重というものを基盤に、社会の仕組みが組み立てられるとしました。とくに財産権・所有権が強調され、結婚には民事婚が認められました。すなわち教会を通さなくても結婚ができるようになり、また離婚も許されました。ただ家族の形態はしっかりと維持するように取り決められました。このようにナポレオンの民法典の制定によって、革命の原理が具体的に人びとの生活のなかにまで浸透していったのです。民法典は「自由」「平等」という理念を人びとの日常生活次元で具体化したといえるでしょう。

この民法典は内容の精緻《せいち》さはもちろん、文章も流麗《りゅうれい》でナポレオン自身その完成に大変に満足しました。そして後の一八〇七年、この民法典は「ナポレオン法典」と命名されました。このナポレオン法典の与えた影響は大変に大きく、世界七十ヵ国に影響を与えているといわれております。すなわち、ヨーロッパではイタリア、オランダなど三十五ヵ国の民法典に影響を及ぼし、さらに中南米の諸国など三十五ヵ国の民法典はナポレオン法典をもとにしているといわれております。

実は、わが国は明治時代になって不平等条約を改正する交換条件として民法を制定するように諸外国から要求されました。明治三年のことです。この過程においてナポレオン法典が検討されることになります。フランスからボワソナードという民法学者が招かれて、ナポレオン法典を踏まえたうえで、ナポレオン法典以上のレベルが高い民法典ができたのです。

ところがこの民法典は、日本の国情に合わなかったのです。そこには一夫一婦制が定められておりました。つまり一人の男性は一人の女性しか妻にしてはいけない、厳格な一夫一婦制だったのです。明治時代の議員たちは、たいがい〝お妾《めかけ》さん〟がいたのです。実質的に、一夫一婦じゃなかったのです。だから当時の議員たちは、こんな厳格な一夫一婦制にされたら妾が持てない、ということで、これは採り入れるのはやめようと主張しました。また、一部の新聞には、当時の著名な憲法学者である穂積八束《ほづみやつか》の論文のタイトルである「民法出でて忠孝亡ぶ」[★4]という言葉がさかんに報道されました。

結果的に、明治二十三年の春に太政官《だじょうかん》布告で一方的に民法が公布されましたが、帝国議会で明治二十五年に民法施行延期法律案が可決されてしまったのです。このように、日本ではフランス民法は実施されませんでした。しかし長い間、ナポレオン法典を検討したりして、日本の民法にもフランス民法の影響があったことは事実です。

以上、先にも触れましたがローマ教会との和解によって国民の精神的統一が図られ、民法典の編纂《へんさん》によって国民の世俗的な安定が果たされました。実に「宗教協約」と「民法典の編纂」という二つの業績は、革命後に新たなフランス国家を創造するためのナポレオンの数ある業績のなかでも際《きわ》だったものであるといってよいでしょう。

5　行政官僚機構の整備

第五に、ナポレオンは行政官僚機構を整備しました。

国家は行政官僚機構がしっかりしていなければ成り立ちません。ナポレオンはフランス革命で混乱してしまった国家を立て直すために行政官僚機構の整備を図りました。

彼は単一不可分のフランス国家を形成するために一八〇〇年二月十七日、「ブリュヴィオーズ二十八日の法律」という法を制定し国家行政の中央集権化を試みました。それによると、中央政府があり、その下に地方自治体が置かれ、中央政府の任命によって地方自治体の県知事や市町村長が決まっていくという形に整備されました。また警察機構も強化され、国内の治安維持が格段と進みました。この行政官僚機構と警察機構の整備によりフランスの国家体制は見事に立ち直ったといっても過言ではありません。こうした意味でナポレオンは近代官僚制度の生みの親であるといわれ、またナポレオンの時代ほど行政がスムーズで仕事が熱心に行われた時代はなかったと評価されました。それほど、ナポレオンの行政官僚機構の整備はうまくいったのです。

一般的に、「官僚制」といいますと、悪いイメージで受けとられ、「官僚の腐敗・堕落」

とか、「官僚制の硬直化」などと批判されます。しかし近代国家というものが安定するためには官僚制度がきちっとしていないと成り立ちません。官僚制が混乱してしまうと国家は機能しなくなってしまうのです。官僚制というのは、ある意味では重要な役割を果たします。ナポレオンは国家の安定と発展のために、行政官僚機構をしっかりと確立したのです。

6　教育の充実

第六に、教育の充実です。

ナポレオンは国家の発展にとって重要なのは人材の育成であり、それには教育の充実が欠かせないと考えました。絶対王制の時代、教育は主としてキリスト教を中心とした道徳教育でした。ナポレオンは革命政府の方針を受け継いで、これからの近代国家の教育はキリスト教を中心とした道徳教育ではなく、新たな「自由」「平等」あるいは「民主主義」という理念を基にした公教育を行わなければいけないと考えました。そのためには教育権を教会から取り上げ、教育権を国家の下に置き、国家のために尽くす優秀な人材を育成するように教育制度を確立していきました。

少し当時の時代状況を考えてみます。フランス革命以前は国王を中心とした王制の時代でした。その王制を強化するためにはキリスト教による教育が重要でした。というのもキリスト教による教育では国王に仕えること、国王に忠誠を尽くすことが神に救われるという内容だったからです。すなわち王権を強化するために、キリスト教と一体になった教育が必要だったのです。ナポレオンは革命政府が手がけた王権を強化するための教育から国家を建設するための教育へと方向転換を図りました。とくに「自由」「平等」「友愛」という理念を基にした近代国家を担《にな》う人材を育成するのが公教育であるとし、それに力を注いだのです。

彼は、第一執政時代からの三年間で四千五百の小学校、七百五十の中学校、四十五の高等中学校などを造ったといわれています。

ナポレオンがなかでも力を入れたのが中等教育とエリート教育でした。彼はそこに焦点をあてました。国家を担って立つ人材を育成するには中等教育とエリート教育が大切だと考えたのです。

ここで少しエリート教育について述べておきます。今日のフランスでもそうですが、この国はエリート教育に力を入れています。日本では小学校・中学校・高校・大学とあり、大学が一応エリート育成の場であるといわれています。しかし実態は、大学は大衆化しておりエリート教育が行われているとはいえない実情にあります。一方、フランスでは大学とは一般の人が勉強したいから行くところであって、決してエリート育成の場ではありません。大学は政界や財界の発展を担う力のある人材を育成することを目的としていません。フランスの大学はあくまでも勉強したい人が学ぶところといってよいでしょう。

それでは、いわゆる官僚とかトップ経営者などのリーダーはどこで育てるかというと、「グランゼコール」（大学校）というエリート校においてなのです。フランスの場合、リセ（高校）を終えたら「バカロレア」という大学入学資格試験を受けます。それに合格すれば大学に入れます。グランゼコールの場合は、有名なリセに入学しそこで学習を終えたら、そこに設けられた特別の予備校で二年間勉強し、優秀な人が「グランゼコール」ごとの試験を受けて合格したら入学できるのです。この学校を卒業したら、若くして政界、財界の中枢になります。フランスはこのような徹底したエリート教育を行っているのです。

こうしたエリート教育の基盤を確立したのがナポレオンであるといってよいでしょう。ナポレオンはそれ以前からあったグランゼコールの活性化に力を入れ、とくに一八〇八年三月十七日、バカロレアという大学入学のための特別試験を制定したのです。これは一例ですがナポレオンは国家の発展を担うのは人材であるとの強い考えのもとに、教育制度の整備に力を入れたのでした。

また、ナポレオンは一八〇八年帝国大学令を出しました。これは現代の日本でいう文部科学省令のようなもので、大学教育の内容・教師などすべてを統一的にしなければならないとしました。大学教育の整備を図ったと同時に国家の統制下に置いたといえましょう。

なお、ナポレオンは女性のエリート教育は好みませんでした。女性があんまり知的になることや高度な教育を受けることを好みませんでした。女性で大切なのは情が深く子どもをたくさん産んで、育て、家庭の面倒をみること。それが女性の役割であり、こういう女性を育てることが大切であると考えていました。ナポレオンのこうした女性観は、今の時代から見ますとやや古いといえましょう。彼は理想的な女性というのは自分の母親のように子どもをたくさん産んで育てる家庭的な女性であると思っていました。良妻賢母型の女性を理想として、女性教育のためには助産師の養成所の充実に力を入れたのです。

7　経済発展

第七に、経済発展です。

これは宗教協約、民法典と並んでナポレオンが最も力を入れたものです。ナポレオンの考えには「イギリスが強力なのは産業革命による経済発展のためである」「国家や政治が何をしなければならないか。それは国民を豊かにすることであり、国家を繁栄させることである」「経済的な発展こそが政治のすべてである」との思いがありました。したがって彼は経済発展に全力を挙げたのです。

では、国家の経済を発展させるためにはどうすればよいか。

ナポレオンが打った手の一番目は財政の立て直しでした。

国の経済発展を図るには財政を健全化することが根本である。それには銀行が必要である。国家の中央にしっかりした銀行がなければならない、ということから一八〇〇年二月に彼はフランス銀行を創設しました。これによって通貨の安定が図られ、財政が安定するとともに経済発展の基礎がつくられたのです。

二番目には税制です。

すなわち税制がしっかり確立し、かつ公平でなければならない。とくに税制を公平にするためには直接税と間接税のバランスがとれている必要がある。直接税というのは、今日でいえば働いた人の所得のなかから直接税金として取ってしまう、これが直接税です。間接税というのは、お酒とかタバコなどの物品やサービスを買ったときにかかる税金で、代金を受け取った業者が間接的に納めてくれます。日本では消費税や酒税が間接税の典型です。この直接税と間接税の調和をうまく図ることが大切であるということで、ナポレオンは徴税制度をしっかり整備しました。そして両税のいずれもあまり高くならないように配慮したのです。すべての国民から広く、薄く、かつ平等に税金が確実に取れるように計画したのです。この税制の整備は成功し、経済発展の礎石《そせき》となっていったのです。

三番目に産業の育成です。

財政を立て直し、税制を整備したならば、今度はいよいよ産業の発展です。ナポレオンはとくに新規事業の開拓を促します。今でいう起業でしょうか。新しく事業を起こす人に対しては助成金を出したり、新事業に対しては税金の還付を行いました。新しい発明をした人には賞金さえ出しました。このように、事業を行う人の動機づけになるような措置を次から次へと講じていったのです。

四番目に農業です。

ナポレオンは「フランス産業の中核を成すのは農業である」「農業を興《おこ》すことがフランスの産業を発展させることにつながる」と言って、農業を産業の根本にすえ、その上に工業、さらにその上に商業を置きました。すなわち農業、工業、商業という順位づけを行い、とくに「農業は帝国の第一の基礎である」★5と重視したのです。農民に補助金を出し、農業の振興に力を注ぎました。

五番目に商業です。

順位づけとしては三番目でしたが、ナポレオンは物の流通、人びとの生活の利便性、その他の点において商業が持つ力の大きさを知りぬいていました。そこで商業が円滑にいくように道路の整備をしたり運河の拡張を図ったりしました。

六番目に完全雇用の達成です。

これは今述べてきたナポレオンによる経済的繁栄の結果として、ほぼ達成したといわれています。ナポレオン時代にはフランス革命以前よりもフランスの産業が二五パーセント成長したという統計があります。また一八〇六から七年、そして一八一〇から一一年、この二年間をのぞいてナポレオンの時代はほぼ完全雇用だったというデータもあります。「ナポレオンの時代には失業者というものがほとんどいなかった」との指摘すらあります。

経済的繁栄について、ナポレオンは後に、セント・ヘレナ島で「フランスの産業を創造したのは私である」と誇ったといわれていますが、事実、彼は産業・経済の発展に大きな力を注いだのでした。

8　公共事業の振興

第八に、公共事業の振興です。

ナポレオンは道路を造り、橋を架《か》け、港を整備し、運河を設け、治水《ちすい》に取り組み、下水の完備を行いました。道路・橋・港湾・運河・治水・下水などのこういういわばインフラストラクチャーの強化をナポレオンは次から次へと図っていったのです。つけ加えますと病院とか刑務所などの改善も行いました。こうしたナポレオンの公共事業の結果、彼の時代の十四年間、すなわちナポレオンが権力の絶頂期にいた十四年間の公共事業費は十八世紀の百年間のそれを上回るとまでいわれています。それほど彼の事業によって社会資本の基盤整備が大きく進んでいったのです。

なお、特筆すべきこととしてナポレオンが「パリの街の整備」「パリの美化」に全力を注いだことが挙げられます。記念碑を建て、チュイルリー宮殿やルーブル宮殿などを改築し綺麗《きれい》な宮殿にしていく。凱旋門《がいせんもん》を造る。ヴァンドーム広場にはローマ時代の記念柱にならった柱を建てます。とくにルーブル宮殿を美術館に拡充したほか、パリに国立の美術館を設立します。

ナポレオンが目指したのは、「パリを世界一の都市にする」「パリを世界の中心にする」ことでした。それが彼の理想であり夢でした。こうしたところから、パリの街に行きますと、とにかく目につくのはローマ時代の遺跡、ノートルダム寺院のようなキリスト教の遺産、それからナポレオンの足跡――こういうものが大変に印象的です。

少し脱線になりますが、美味《おい》しい料理とか文化遺産というのは絶対王制とか独裁者のもとで育つことが多いのです。

美味しい料理などは絶対君主や王様がいて、その下に料理人が集められて諸国のさまざまな食材が取り寄せられて生まれます。長い間、皇帝が統治した中国の料理、国王がいたフランスの料理、そして君主の支配したイタリア料理とかです。

また、強力な支配者がいた国の文化は大きな特徴を持って今日でも遺《のこ》っています。古代エジプトの遺跡とかいうものは専制的な国王が造ったものです。民主主義的な国には特徴的な遺産は生まれにくい、ともいわれています。もちろんこれは歴史的に振り返っていっていることで、だから独裁制がよいと勧めているわけではありません。

ナポレオンはパリを世界一の都市にする、パリを永遠に遺る都にしていくと宣言し、凱旋門を造ったり道路や広場を整備したりします。その結果、パリは歴史に遺るような美しい都市へと発展していきました。ナポレオンは後にセント・ヘレナ島で「これらの事業は幾世紀にも残る財宝である」★6と自負しています。

ナポレオンがこのような公共事業を推進していくためには、工業や技術が必要でした。そのため彼には新しい機械・新しい技術に注目し、それらをどんどん取り入れ公共事業の発展に役立てていきました。同時に彼は、公共事業にたずさわる技術者を養成していったのです。

9 文化・学問の尊重

第九に、文化・学問の尊重です。

広く学問的価値を重視したといえましょう。ナポレオンはコルシカ島の出身でフランス語がうまく話せませんでした。フランスの学校に入り、そのなかで友達の「いじめ」にもあい、幼心に傷つくことがたくさんありました。そのようななかでナポレオンの唯一の救いはとにかく本を読むことでした。一生懸命、本を読んで早くフランス語に慣れること。そして何よりも知識をどんどんと吸収していくことが最大の楽しみであり、なぐさめでした。こうした貪欲《どんよく》な学びの姿勢がナポレオンに学問や文化を大事にする習慣を身につけさせていったのです。

彼は読書家でした。けれども学校の成績はあまりよくありませんでした。学校の成績はパリの陸軍士官学校時代、五十八人中四十二番です。しかし学業成績はそれほどよくなくても、勉強することは好きでした。軍人になってもナポレオンはどこに行くにも本を持っていきました。彼は皇帝になってからチュイルリー宮殿やブルボン宮殿などいくつかの宮殿に住みましたが、どの宮殿にも必ず同じ図書を置き同じ図書室を造りました。どこの宮殿にいてもすぐ同じ勉強ができるようにしていたのです。それほどナポレオンは学問や文化を大事にしていたのです。

彼が一七九八年、エジプト遠征を行ったときのことです。この遠征の目的はイギリスの、エジプトからインドへ行く航路を確保しようという計画を断つことにありました。ナポレオンはエジプトをなんとしてもイギリスではなく、フランスの影響下に置きたいという戦略を立てました。それと同時に彼はエジプトに大きな魅力を感じていました。そこは昔、古代ギリシアやローマよりもはるかに栄えていました。ナポレオンにとってエジプトというのは未知の国であり、東方への夢をわき立たせるロマンあふれる場所でした。彼は一七九八年、ある友人に次のように語っています。

「ヨーロッパは一つのモグラの穴のようなものになっている。ここではすべてが磨《す》り減ってしまう。東方へ行かなければならない。すべての偉大な栄光は東方から生まれるのだ」★1と。

ナポレオンはこう言ったのです。――ヨーロッパは狭い。こんな狭いヨーロッパでゴチャゴチャ戦っていては磨り減ってしまう。そうではなくて東方へ行くのだ。ギリシアへ、いな、エジプトへ行くのだ。そしてそこからインドへ行きたい――ナポレオンは中国にまで大きな関心を寄せていたといわれています。その第一歩として、アレクサンドロス大王のように西洋と東洋を結びつけたい。そのためにはなんとしてもエジプトへ行くと言って、そこへの遠征を企《くわだ》てるのです。

ナポレオンは一七九八年五月十九日、いよいよエジプトに向けて出発しますが、その艦隊には三万三千余の軍人が乗っていました。と同時に、そこには百六十七名の学者・文化人・技術者も乗り込んでいました。数学者・医者・天文学者・鉱山技師・建築家・詩人などがいたのです。二万五千冊もの本も運ばれました。

そのときのナポレオンの誇りは「将軍ナポレオン・ボナパルト」と名乗ることよりも、「フランス学士院会員ナポレオン」と称することにありました。彼は、エジプト遠征は単なる侵略ではない、エジプトの調査であり開発を施《ほどこ》す重要な文化事業であるという意味を持たせたのです。

彼が幼少のころに読んだ本のなかにローマの言い伝えがありました。それは「エジプトを制する者が世界を制する」★7という言葉で、ナポレオンの心に焼きついて離れませんでした。その憧《あこが》れのエジプト遠征を彼はついに企てるのです。実にヨーロッパにとってみれば十字軍以来の東方遠征でありました。

遠征のなかで、ナポレオンはさまざまな課題を学者たちに与えました。例えば「パンを焼くとき、燃料を節約する方法は」「ビールを造るとき、ホップの代わりにエジプト産の植物を使えないか」「ナイル川の河川を浄化する方法は?」「カイロでは水車と風車とどっちがよいか」「エジプトでは古来どういう法律制度、ならびに民事、刑事の手続きがあったのか」「教育制度はどうなっているのか」「エジプトでのブドウ栽培の方法は」「カイロに水を補給するには」「天文台の設置にはどのような場所がよいか」「ナイル川の水域、水位、水量を測る方法は」「湿度、温度を観測する方法は」「砂漠で井戸を掘る場合どのようにすることが最善か」「エジプトで小麦を栽培する場合、ヨーロッパとどう違うか」等々でした。ナポレオンは実に百に近い研究テーマを学者たちに与え、徹底的に研究させたのです。

エジプトに着くと彼は、「エジプト学士院」を創設します。この学士院は、数学、物理、経済、文芸の部門から成っていて、部門ごとに厳しい学問研究をします。こうした点を見るとナポレオンがいかに単なる軍事的な侵略だけではなく、古くからヨーロッパの夢とされていたエジプトという地域を徹底的に研究する、そういう学術的な目的を持っていたかということがわかります。

ナポレオンが手がけたエジプト研究は、やがて一つの学問体系として確立し「エジプト学」が誕生します。『エジプト誌』という雑誌も生まれます。先ほど示しましたような研究テーマを学者たちが一つ一つ研究論文としてまとめたのです。それは一八〇九年から二八年にかけて発刊され、全二十巻にもなりました。今日でもエジプト研究には欠かせない資料になっています。ナポレオンのエジプト遠征は軍事的には失敗でした。しかし古代エジプトの様子はかなり解明されたといえましょう。

もう一つナポレオンのエジプト遠征で大きな成果がありました。それはロゼッタストーンという石の発見です。ナポレオン軍の兵士によって発見されました。この石には古代のヒエログリフという象形《しょうけい》文字が刻《きざ》まれていました。後にこの文字が解読され、古代エジプトでは王様に対してどのような扱いがなされていたか、国王が何をしていたか、その一端がわかってきたのです。さらにもう一つ、今でこそ地中海と紅海をつなぐスエズ運河がありますが、このスエズ運河の構想を練り上げたのはナポレオンです。スエズ運河を造って地中海と紅海をつなげばインドに行くのがはるかに楽になる。スエズ運河によって、西洋と東洋が密接に結びつくと構想したのです。

また、ナポレオンの有名な言葉も、このエジプト遠征から生まれています。エジプトは暑い国です。兵士たちはややもすると暑さに負けたり、風土病に倒れたりして弱気になりがちですが、そのときナポレオンはピラミッドを指差して「兵士らよ！　四千年の歴史が諸君を見ているぞ！」と言って兵士たちを鼓舞《こぶ》したのです。

なお、ナポレオンは、ケオプスのピラミッドを見たときに、瞬間的にこのピラミッドの石でもって高さ三メートル、幅一メートルの石垣を造ればフランスの全土を囲むことができると言いました。後で数学者が計算してみたところ、ほぼその通りであったという話も伝えられています。真偽のほどはさておき、ナポレオンが数学のセンスと鋭いカンを持っていたことは事実といえましょう。

ナポレオンのエジプト遠征

それ以外にもナポレオンは、エジプト遠征中カイロで部下に「鉛筆」を発明させました。今も私たちが使っている鉛筆、これをコンテという人が発明します。コンテという人はさらに漂白剤を作ったり、あるいは熱気球の開発にも成功するのです。またナポレオンは一八〇〇年、ヴォルタという人には電池を開発させ、彼には一八〇一年に伯爵《はくしゃく》の位を与えています。さらに一八〇八年、アペールという人に命じて食料品の瓶《びん》詰めを発明させます。実に、ナポレオンは前述した産業のところでも少し触れましたが、鉛筆とか電池とか瓶詰めなど今日私たちが日常的に使っている便利なものを次つぎと発明させていったのです。いわゆる起業です。

少し話がそれましたが、以上のようにナポレオンは文化や学問を大変に重視したのです。文化や学問を尊重したナポレオンでしたから、彼が一番尊敬した人は誰かというと、それはドイツの文豪ゲーテでした。ナポレオンはゲーテの書いた『若きウェルテルの悩み』という本を大変に好み、七回も読み返したといわれています。プロイセンに行ったとき一八〇八年十月二日、ゲーテに会います。ゲーテは五十九歳、ナポレオンは三十九歳でした。その際、ナポレオンが最初に言った言葉は「ここに偉大な人間がいる。あなたこそ真の人間というものです」★8というものでした。

ゲーテもまたナポレオンと会い大変に感動しました。彼が求めたヨーロッパの平和はナポレオン帝国によって実現されると確信し、いつまでもナポレオンのことを心に留めていました。そして次のように言いました。

（ナポレオンの）「人格はずばぬけたものだった」

「ナポレオンが偉大だった点は、いつでも同じ人間であったということだよ。戦闘の前だろうと戦闘のさなかだろうと勝利の後だろうと敗北の後だろうと、彼は常に断固としてたじろがず、常に何をなすべきかをはっきりとわきまえていた」★9

このようにゲーテはナポレオンを賞賛していました。ナポレオンは常に変わらなかった。いつも同じ人間であった。このように言って、ゲーテはナポレオンの屹立《きつりつ》した態度に感銘していたのです。

また、ドイツの哲学者ヘーゲルという人がいましたが、彼もまた彼のいう歴史を動かす原動力としての「世界精神」を体現しているのはナポレオンであると言って絶賛いたしました。

さらに、音楽家のベートーベンらも一時ナポレオンを渇仰《かつごう》しました。

なお、ナポレオンは広く文化・学問という範疇《はんちゅう》のなかで、医学というものを大変重視しました。軍隊にとって大切なことは兵隊を殺さないということです。とくにいろいろなところに遠征しますから兵士が病気になることをナポレオンは大変心配していました。そのため医療に彼は強い関心をはらっていたのです。

一七九六年、イギリスの医師ジェンナーが天然痘を予防するために牛痘《ぎゅうとう》接種という方法を開発しました。すなわち牛に天然痘の病原菌を接種しそこで免疫をつくり、その免疫を人間に移して天然痘を予防するという方法です。牛痘を人間に接種することによって免疫をつくり、天然痘を防ぐという考え方をナポレオンは大変に高く評価しました。当時は多くの人たちが、「牛痘を人間に植えつけるなんてとんでもない」と言っていましたが、しかしナポレオンはジェンナーの牛痘接種という考え方は大変に素晴らしいと評価したのです。そのころフランスはイギリスと戦っていたにもかかわらず、一八〇四年、ナポレオンは敵国イギリス人の医師ジェンナーに記念のメダルを贈ってその発見を称《たた》えました。フランス軍の兵士、および一般の人びとがこの牛痘接種によって多く救済されたことはいうまでもありません。このようにナポレオンは広く文化・学問・学術の価値を高く評価し、その興隆に力を注いだのです。

10　文化遺産の構築

第十に、文化遺産の構築が挙げられます。

ナポレオンの時代に新しい建物とか新しい技術などが次つぎと生まれました。パリには記念碑的な建物がどんどんできます。カルーゼル凱旋門《がいせんもん》やルーブル美術館の再開、広場に噴水などを造ったりして、パリの街は美しくなっていきます。コンコルド広場の周辺には、マドレーヌ寺院や国会議事堂、カルーゼル凱旋門、エトワール広場などがありますが、すべてナポレオン時代に整備されたものです。宮殿の室内装飾では古代エジプトやローマで栄えた絢爛《けんらん》豪華な色彩で飾られたものが多くあります。家具では「アンピール」（帝政）様式と呼ばれるものが生まれます。これは幾何学的で重厚な感じが特徴になっています。

ファッションの面においてもアンピール・スタイルという形がはやりました。サテンとかビロードなど華やかな素材を使った婦人服が絢爛と花を咲かせたのです。

なお、ナポレオンの時代は各種の文化面でも大きな成果が見られました。文学においてはスタンダールやユゴー、またデュマやバルザックというような文豪がナポレオンやその時代をテーマにした作品を残しました。十九世紀最大のドイツのオペラ作曲家ワーグナーは「音楽界のナポレオンたらん」と宣言していました。また時代は下りますが、喜劇王チャップリンにナポレオンの映画を作るように勧めたのはイギリスのチャーチル首相であったといわれております。

このようにパリの街の景観や宮廷芸術をはじめ、今日まで残る幅広い芸術・文化の遺産はナポレオン時代に築かれたのです。

以上述べてきましたナポレオンの生涯とその業績について、一言でその印象をいうならば、こんなことが一人の人間の一生の間にできるものなのかということです。これほどナポレオンが手がけ、残した実績は膨大なものだったのです。しかも、今日まで残る偉大なものであることはいうまでもありません。

最後に、これほど多くの偉業を成しとげたナポレオンについて通常懐《いだ》かれているイメージとはやや異なる三つの実態ともいうべき側面を指摘してみたいと思います。多くの人は意外と思われるかもしれません。しかし、その意外性と実態とのギャップの大きさがナポレオンを一層大きく見せているといってもよいでしょう。

第一に、ナポレオンの幼少期から青年期にかけては、将来それほど大きな立場に就き重要な仕事をする人物にはとても見えなかったということです。ナポレオンは生まれながらの神童では決してなかったのです。幼いころのナポレオンの姿や言動から判断して、誰がこの子が将来フランスの皇帝になり、フランスはもとよりヨーロッパや世界の歴史を変える英雄になることを想像したでしょうか。およそそのような人物とは遠くかけ離れたところにナポレオンはいたのです。

幼少期から青年期にかけてのナポレオンはコルシカ島という辺鄙《へんぴ》な島の出身でフランス語も満足に話せず、病弱で身体も小さく引っ込み思案の目立たない子どもでした。学業成績も決して芳《かんば》しくありません。それが革命と戦争の動乱のなかから大きく成長し、身体も丈夫になり皇帝となってフランスの近代国家としての土台を築くとともにヨーロッパに君臨する身となったのです。平凡な一少年が偉大な皇帝となって人類の歴史に新たな一ページを書き加えたのです。

人間はどうなるかわからない。一人の人間には無限の可能性が秘められている。小さいころの身分とか学業成績などはあてにならない。本人の意志と努力によって、状況はいくらでも開けていくということをナポレオンの生き方は物語っているといえましょう。

第二に、ナポレオンの統治の期間はわずか十五年余であったということです。ナポレオンが皇帝になったのが一八〇四年。ワーテルローの戦いで敗北し退位したのが一八一五年です。皇帝として君臨していた期間は実質十一年です。第一執政（統領）の時代が五年ありますから、指導的地位についていたのは計十六年といってもよいでしょう。しかし、長いヨーロッパの歴史から見れば、十六年というのはあまりにも短い期間です。ナポレオンの歴史的偉業は、何十年間も、何百年間もかけて達成されたものでは決してないのです。わずか十六年のうちに樹立されたものです。これもまた意外といえましょう。

ナポレオン研究の第一人者で歴史家のＪ・チュラールは次のように言っております。「ナポレオンの冒険は、近代エジプトの出発点になったし、ラテンアメリカ独立の契機にもなった。またイギリスによるオーストラリア領有を促進し、現在もそのまま使われている道路網をジャワに与えることにもなった。ナポレオン戦争の影響は北アメリカの五大湖、インド洋の沿岸にまでも及んだ。ナポレオンについて研究した最初の歴史家の一人は中国人だったし、ブラジル人歴史家が後にこれに続いた。つまりナポレオンの威光は全世界に及んだのである」★10と。わずか十数年間の統治にもかかわらず、ナポレオンの業績は永遠のものとして全世界にその光彩を放ち、人びとを魅了し興味を喚起させているのです。全生命を懸けて取り組んだ仕事は、たとえその期間が短くても、不滅の魂となって輝いていく証左といえましょう。

第三に、ナポレオンの業績は決して軍功だけにあったのではなく、むしろ政治、経済、文化面において顕著であったということです。いわば、彼を単なる軍人や英雄として見る見方は誤ったイメージで、むしろ政治家・実業家・文化人としての多角的側面を持った平時のリーダーと受け止めるほうが実態に近いといえましょう。本稿でも紹介してきましたように、ナポレオンの業績はそうした多面的な側面を持つものなのです。これも意外なことと思われるかもしれません。

ともあれナポレオンの残した業績には膨大なものがあります。それだけにナポレオンをどう捉《とら》えるかについては歴史家の数だけその見方があるともいわれております。いな、時代が変化するたびにナポレオンの評価も変わってくるでしょう。十九世紀の文豪スタンダールは言いました。「ナポレオンの伝説は五〇年ごとに書きかえられなければならない[★2]」と。この言葉が意味するものは、ナポレオンの歴史は、「けっして終わることがないだろうし、完全に書きつくされることもけっしてないだろう[★10]」ということなのです。「ナポレオン、それは未完の巨人である」と申し上げても過言ではないでしょう。

第3章　ナポレオンの母と妻

――英雄をつくった女性の力――

1　ナポレオンと女性の存在

ナポレオンという人をよく観察してみると、その背後には常に女性の影がつきまとっている。これは変な意味でいうわけではありません。ナポレオンは大変お母さん子なんです。レティチアというお母さんの影響を強く受けて育っております。お父さんが若くして亡くなってしまいますので、お母さんに育てられるのです。このお母さんが大変に厳格で躾《しつけ》が厳しい。と同時に、子どもたちに対してはものすごい愛情を降り注ぐのです。子どもから青年時代にかけてのナポレオンはお母さん子そのものなのです。

ナポレオンがみすぼらしい、うだつのあがらない一介の青年軍人からやがてみるみるうちに頭角を現す。クーデターを起こし、第一執政（大統領）になり皇帝になる。そしてフランス、ヨーロッパを支配する。ナポレオンがどんどん力を発揮し、皇帝にまで上り詰め、いわゆる権力の絶頂期を迎える、その過程にあっては、実は奥さんであるジョゼフィーヌの存在があるのです。彼女と結婚してから、ナポレオンの人生はすごい勢いで開けていくのです。ところが子どもができないという理由で、ナポレオンがジョゼフィーヌを離婚します。そしてオーストリアの后妃《こうひ》、マリー・ルイーズと結婚する。すると、そのあたりからナポレオンの運命は凋落《ちょうらく》が始まるのです。どんどん落ち込んでいって、戦争にも負けエルバ島に流され、また再起を図ってヨーロッパを相手に戦うのですが、それにも負けて最後はセント・ヘレナ島に流されて、そこで六年間の生活を送って亡くなっていくのです。

すなわちナポレオンの生涯は少年期・青年期には母親に育《はぐく》まれ、自分が力を大きく伸ばしていくときには妻・ジョゼフィーヌの存在があり、ジョゼフィーヌと別れてからは自分の命運が尽きるというか、どんどん人生が転落していく。そして最後はまた母親の経済的支援を受けることによって、なんとか立ち直りを図ろうとする。ナポレオンの生涯には、このように、最初は母・レティチアが次には妻・ジョゼフィーヌが、そして晩年には母・

レティチアがつきまとっていたわけです。ナポレオンには英雄というイメージがありながらも、その裏には母親・妻という存在がつきまとっていた感じがあるような気がします。

ナポレオンは、約二百年前フランスに革命が起こったなかから台頭してきます。それまでのフランスは、王政という国王を中心とした体制・社会の仕組みでした。身分も生まれながらにして決まっていたのです。自由もなく平等でもなく、互いの人間としての友愛感も欠如している。そういう状態が長く続いておりました。そうしたフランスのあり方に対して一七八九年に革命が起こります。革命は絶対王政という政治体制を根本的に覆《くつがえ》してしまいます。そして、新しい国家をつくろうとするのです。その国家の基本理念になったのが、自由・平等・友愛という理念でした。人権も加わります。

ところがフランス革命は理想的な革命だったのですが、実は物事はそんなに簡単にはいきません。いろいろ矛盾はありながらも、王政によってそれまでの社会は支えられてきたわけです。それをいきなり国王を捕らえ、そして国王は断頭台の露《つゆ》と消えてしまう。王政をなくしてしまうわけですから、その後のフランスの社会は大変に混乱します。約十年間混沌《こんとん》とした状態が続きます。すると、そのなかから軍部が力を持ってきて、そこにいたナポレオンが力を発揮してくるのです。革命後の混乱した社会をナポレオンが平定します。彼は自由・平等・友愛の理念に基づいて新しいフランスの社会を、いわゆる近代国家というものにつくり上げることに着手するのです。ナポレオンは現代でいう大統領（第一執政）という地位に就き、さらには皇帝になります。そして彼はフランス革命の理念を継承した新しい社会の建設に成功するのです。

しかも彼のすごいところは、フランス国内だけではなく、自由・平等・友愛の理念を当時のヨーロッパの国々にも教えていったのです。ヨーロッパの古い社会の仕組みそのものを、ナポレオンは変えようとしました。彼のこの業績は大変なものであると思います。民法典を定め、政教分離原則を確立し経済を繁栄させました。欧州の統一も図ろうとしたのです。

2　ナポレオンを囲む二人の女性

ナポレオンの数々の業績を考えてみますと、いかにもナポレオンという人は男の中の男だということを実感します。現実にナポレオンの民法典では、男女平等は謳《うた》っておりません。二百年前ですからやむを得ない点があるのかもしれません。だがそれにしても、簡単にいって男性が女性を守り、女性は男性に従うという考え方が強いのがナポレオン法典なのです。こういう意味ではナポレオンのつくった社会の仕組みは、近代的な男女平等というよりも男性中心の社会だったという印象は免れません。

ところが男性中心というイメージのするナポレオンも、一歩下がって実生活という点から見ますと大変に強く女性の影響を受けています。彼は母親、妻に頭が上がらないのです。またナポレオンという人は、女性に対しては大変に優しい面がありました。女性をいじめるとか、女性を弾圧するとか、女性を無下《むげ》にするなどということはないのです。なにぶんにも今と時代が違いますから、法的に、またものの考え方では若干《じゃっかん》女性は男性につき従うものだという面はあります。ただ実質的な力という面からいいますと、ナポレオンを形成し、動かし、また彼が一番気を配っていたのは実は女性なのです。

そこで、今申し上げたことをナポレオンの言葉から紹介してみたいと思います。彼は、母親について何回も繰り返し語っています。

「私の幸運は、そしてわたしのなしえたすべては母のおかげ」である
「偉人をつくるもの、それは母である」
「子供の立派な行為であれ、よくない行為であれ、全面的に母親で決まる」★6
「私は母にすべてを負うている」★14

またナポレオンは、妻についても分析しています。後に彼がセント・ヘレナ島に流されたときに自分の一生を振り返ります。そして、なぜコルシカ島という地中海に浮かぶ、一介の小さな島の貧乏貴族から自分が身を起こし皇帝にまでなることができたのかについて、自己分析をします。彼はいくつかの理由を挙げています。

①父親が早くに亡くなったこと。そのために自立心が備わった。②フランス革命が起きたこと。そのために新しい時代のうねりに飛び込むことができた。③自分の家が金持ちでも名家でもなかったこと。そのために革命の犠牲にならなかった。④ジョゼフィーヌと結婚したこと（これを強調しています）。

コルシカ島はナポレオンが生まれる前の年までは、イタリアのジェノヴァ共和国の島だ

ったのです。彼が生まれる一年前にジェノヴァ共和国からフランスに売り渡されました。こうしたことから、彼は外国出身であったと考えていました。そのため旧《ふる》いしきたりにとらわれることなくフランスに新しい社会、新しい国家をつくることができたとも言っております。

いずれにせよナポレオンは、自分がなぜ皇帝になれたのかということを分析して、このような理由を挙げていました。そのなかでも、とくにジョゼフィーヌに関しては、途中で離婚をしてしまいますが、最後の最後まで彼女を慕《した》っておりました。彼は次のように言っております。

「私はジョゼフィーヌを深く愛していたと思う。私は彼女とともに自分の地位を築いてきた。彼女は私が選んだ本当の女性だ」★6と。

このように、ナポレオンの伝記・回顧録を見ますと、彼は母親・レティチアと最初の妻・ジョゼフィーヌについて多く書いているのです。実に、こう考えてみますと、あの英雄ナポレオンをつくったのは二人の女性にあったといっても過言ではないという気がいたします。

3 母・レティチア

そこで「母」・レティチアのことから述べていきたいと思います。

母・レティチアは一七四九年、コルシカ島で生まれました。十四歳で結婚します。相手はシャルル・ボナパルテ。ピサ大学を出た十八歳の弁護士、下級貴族です。ボナというのは「よい」、パルテというのは「側」という意味です。すなわち、「ボナパルテ」という言葉には、「善良な側」「正しい派につく者」というような意味があります。ところが、お父さんは一七八五年、三十九歳で病死してしまいます。したがって、残された子どもたちはレティチアの手によって育てられるのです。

ちなみに、レティチアとは、日本語で「喜び」「歓喜」、あるいは「夜明けの光」という意味です。夫に若くして死なれてしまった彼女は、大変に気丈な芯《しん》のしっかりした女性でした。コルシカ島きっての美人であったとも言われております。彼女は多くのコルシカの女性と同じように、十四歳で結婚しました。したがって、いわゆる学問的な力ではそれほどレベルは高くありませんでした。しかし、持って生まれた本質的な頭のよさ、知性という点では大変に優れたものがあったようです。しかも彼女は男勝《まさ》りの女丈夫といってもよ

母・レティチア

かった。とくにコルシカ島はジェノヴァ共和国から独立し、フランスからも独立しようとするのです。若きレティチアも女性の身でありながら、夫たちと独立運動に参加するのです。妊娠《にんしん》しているときも、彼女はロバにまたがって行進し続ける。そして、どんなことがあってもコルシカ島の独立のために、もし必要ならば私は最後の一人になっても戦いますとレティチアは言うのです。まさに崇高な革命の理想に生き抜いた女性であったといえましょう。

レティチアは子どもの躾《しつけ》に関しては大変に厳しかった。ナポレオンは後に、自分の教育の大半は母から受けたと述懐していますが、彼女の教育の本質はどこにあったか。それは「嘘《うそ》をついてはいけない」「人に迷惑をかけてはいけない」★6などという簡潔な点にあったのです。

あるとき、ナポレオン少年が、足の不自由なナポレオンの祖母の後から、祖母の歩き方を真似《まね》して、妹と歩いている姿を見たレティチアは、彼を捕らえ「いつからそんな卑怯《ひきょう》者《もの》になった!」と言って厳しく誡《いまし》めたのです。

また、ある晩ナポレオンは土砂《どしゃ》降《ぶ》りの雨の中を行ったり来たり歩いていました。レティチアが「早く家の中に入りなさい！」と言っても、彼は言うことを聞かずに雨の中を歩き続けました。やっと家の中に入ったときには、もう全身ずぶぬれです。滴《しずく》が部屋の中に滴《したた》り落ちるほどでした。ナポレオンはレティチアに言います。「ごめんね。僕は兵隊になりたいんです。兵隊になるには、どんな酷《ひど》い天気にも耐える必要があります。だから僕は、雨に打たれることで、どんな天気にも慣れておきたかったんです」と。

するとレティチアは、「でも兵隊になりたいんだったら、命令は聞かなきゃだめだよ！」と言い返します。彼女は毅然《きぜん》としていたのです。

ナポレオンが偉くなったときのことです。彼にも気取る点があるわけです。何かにつけて自分の行動を美化して、偉く見せようとするのです。彼があるとき、「余《よ》は、古代ギリシアの英雄が描かれた絨毯《じゅうたん》の上に産み落とされた」と胸を張って言いました。それを聞いたレティチアは、「何を言っているんです」「そんなのは作り話です」「コルシカ島の家には絨毯などありませんでした」[★14]と否定します。彼女はどこまでも、「真実に生きる」ことを子どもたちに教え、植えつけたのです。

やがてナポレオンは、ブリエンヌの幼年学校からパリの陸軍士官学校に進み、そこを卒業して軍隊に入ります。しかし、それはまだ革命が起こる前でした。当時のフランスの軍隊は、ほとんどが貴族の子どもたち、いわゆる上流階級の子弟で占められていました。そのなかでナポレオンは、まったく地方出の下級の貧乏貴族の子どもでした。しかも、陸軍士官学校時代の成績はそんなによくありません。背も低く、貧弱でした。まったくうだつのあがらない一軍人だったのです。友達からのいじめにもあいます。さすがの彼も弱音を吐《は》きます。彼はパリの軍隊に身を置きながらも、なにかにつけて故郷のコルシカ島のことに思いを馳《は》せます。コルシカ島の独立のことだけを考えていました。彼はしょっちゅうコルシカ島に里帰りします。なにかあるとすぐ母親のもとに帰ってしまう。そして、自分の軍隊生活でのみじめさなどについて弱音を吐くのです。そのとき、レティチアは優しく激励する。「不運に負けないことが、立派で高貴なことなんだよ。『不運は反《かえ》って幸福となる』。おまえはこれを信じるかい。お前を追放する命令も、やがては輝かしい栄誉の証言になるよ」★6と言って彼を励ますのです。

レティチアがナポレオンを躾《しつ》けていく言葉の数々のなかで、また彼女の行動のうえで、一点いえることは、彼女は決して愚痴《ぐち》をこぼさない、愚痴めいたことは一切言わない、ということです。まして誰かを恨んだり卑下したり、自分自身を自暴自棄に追い込んだりしないのです。常に毅然《きぜん》としていました。こうした母親の姿勢にナポレオンは大変に強い影響を受けるのです。

母・レティチアは、自分の夫のみならずナポレオンにも、人生の節目において大きな影響を与えました。まず夫・シャルル・ボナパルテがコルシカ島の独立運動を戦っているときに、コルシカ島はフランスからも独立できない、いっそのことイギリスに亡命しようかと思います。独立運動の指導者でパスカル・パオリという人がそう判断するのです。ところが、その話を聞いたレティチアは、「それはいけない。イギリスに亡命したからといって、コルシカ島の独立が保証されるわけではない。あくまでもコルシカ島に留《とど》まって、フランスと交渉して、コルシカ島の立場を独立したものにしていくのです」と、夫を説得するのです。もしこのときレティチアが夫を説得しなければ、一家はイギリスに行っていたかもしれません。イギリス人になっていた可能性があるのです。そうしたら、英雄ナポレオンは生まれなかったかもしれません。ボナパルト家の運命を大きく変える判断をしたのはレティチアであったといえましょう。

また、ナポレオン自身の運命もレティチアの助言で変わります。彼は軍隊の中で一生懸命仕事をしていましたけれども、なかなか認めてもらえません。当時、フランスの軍隊は、なんといっても陸軍が中心でした。海軍はあまり強くなかった。そこでナポレオンは、どっちみち陸軍にいてもうだつがあがらないなら、自分はコルシカ島という島で育ったんだし、海のほうが自分には向いているんじゃないか。陸軍ではなく海軍に行こうかと思うのです。彼はレティチアに相談します。「お母さん、私は陸軍ではなく海軍へ行く。海軍の軍人になって戦いたい」と。するとレティチアは断固としてそれに反対します。「それはいけない、海軍はだめです」と。ナポレオンは、なぜ母親がそんなに反対するのかわからない。「お母さん、なぜいけないんですか」と聞くと、「海軍で海だったら何かあったら逃げられない」と答えました。このときも、もしレティチアがナポレオンが海軍に行くことに賛成したら、彼が砲兵隊の隊長となり、イタリア遠征軍の指揮官となって、その頭角を現していくということは、まずなかったと思います。

このようにレティチアは、ボナパルト家の命運を決めるという重大な判断を下すときも、またナポレオンが陸軍か海軍か、どっちの道を選ぶかというときにも、非常に大きな影響を与えていたのです。

また、レティチアは、ナポレオンがどんどん出世していくと周りの人からいろいろとほめ称《たた》えられます。「お宅の息子は素晴らしい、ナポレオンは素晴らしい」と。ところが、彼女は、そういうような毀誉褒貶《きよほうへん》には流されず、「いつまでこういうことが続くんでしょうかね」「こんなことは決して長く続くものではありません」と平然としていました。レティチアの脳裏には、幼い子どもを背負いながら、コルシカ島の独立運動に身を挺《てい》し、また貧しい家計を支えるために一生懸命働いてきた思い出しかありません。そこから、真剣に懸命に生きていくところに人間の価値があるとの信念が彼女には備わっていたのです。彼女には、皇帝の戴冠式《たいかんしき》とか自分の息子が皇帝になるというようなことはうれしいことでもなんでもなかったのです。こんな栄誉はいつかは崩れるに違いないと思っていました。そのため彼女は、何か困ったことがあったら大変だということで、生活は質素に、皇帝の母としてもらうお金も貯金し、つつましい生活を送っていました。

ナポレオンは皇帝になると、自分の兄弟姉妹たちをいろいろな国の国王や王妃にすえたりします。そういう姿を見てレティチアは、冷たく言い放ちます。「あなた方は自分たちが何をやっているのかわかっているのですか。世の中はいつまでも同じように続くものではありません。もしあなた方が私を頼りにこの胸に飛び込んでくるようなことがあれば、そのときにはあなた方も私が今やっていることに感謝するでしょう」と。こう言ってレティチアはお金を貯《た》め、何かあったときに子どもたちのために使おうとつつましい生活を送るのです。

レティチアのこうした態度は、後に非常に大きな結果となって表れます。ナポレオンが後年、戦争で敗れてエルバ島に流されます。皇帝の地位も追われます。そのときにレティチアは自分の蓄えてあった千三百万フラン、これをナポレオンに差し出します。日本円で約六十五億です。ナポレオンはこの資金をもとに、再び挙兵したのです。

彼はパリで態勢を立て直し、いよいよワーテルローの戦いに臨《のぞ》みます。そこでイギリス軍やプロイセンの軍隊と衝突するのです。最終的には、ウェリントン将軍率いるイギリス軍にナポレオンは負けてしまいます。そして皇帝としての退位が決まり、大西洋上のセント・ヘレナ島に流されます。いよいよフランスを去るとき、ナポレオンは長らく妻・ジョゼフィーヌと住んでいたマルメゾンという館を後にします。そのとき、レティチアはこれがナポレオンとの永遠の別れになるかもしれないと考え、喪服《もふく》を着て彼を見送りました。
ナポレオンと母・レティチアとの関係を考えますと、両者の関係がまことに深かったということがわかります。ナポレオンはセント・ヘレナ島でこう綴《つづ》っています。

「私の考えでは、ある子供の将来の立派な行為にせよ、あるいはよこしまな行為にせよ、それは全面的に母親による」

「母は私の幼少時代からきびしい愛情をそそいで、偉大なことしか考えないように気を配ってくれた」

「私が幸運に恵まれたとすれば、そして私が世の中のために役に立つようなことをしたとするならば、それはすべて母が私に、その原則的な態度というものを、しっかりと教えてくれたからだ[★15]」

ナポレオンの母・レティチアは、ナポレオンが死んだ後も十五年長く生きて、一八三六年、八十六歳で亡くなりました。彼女は晩年次のように回想しています。

「みんながこの私を世界一幸福な母親だと言いましたが、わたしの人生は、不安と苦しみの連続でした。郵便が着くたびに、わたしはいつも、戦場での皇帝（ナポレオン）の死が告げられているのではないかと恐れました」[★6]と。

レティチアはあくまでも謙虚に、自分の人生というのは決して世界一幸福な母親というようなものではない。いつも不安と苦しみの連続だった。手紙が来るたびに「皇帝ナポレオンが戦死した」という報告が来るのではないか。そういう恐ればかりだったと、述べているのです。しかし、レティチアは最後まで毅然《きぜん》と生き抜いていました。ナポレオンがセント・ヘレナ島に流された後も「自分の全財産をセント・ヘレナ島のナポレオンの所に贈るんだ」と言い放ちました。周りの人が「そんなことをしたら、あなたの生活が困りますよ」と心配しました。そのとき彼女は「かまうものですか。なんにもなくなったら、『私はナポレオンの母です。この母にお恵みを』といって歩きますよ」[★14]と語って、子どもへの深い愛情を示したのです。

セント・ヘレナ島に流されたナポレオンに対しては、イギリスをはじめ、当時彼によって敗れた国々が一斉に批判し、悪口を書き、「コルシカの食人鬼」というような風評を流しました。ナポレオンを中傷する小冊子や宣伝が出回るなかでも、彼女は平然と、「私は私です」「ナポレオンの母です」と言って毅然として生き抜きました。ナポレオンが最後まで頼りにしていたのは母親であった、といっても過言ではありません。彼は権力の絶頂期にあったときも、心静かに耳を傾けたのは母親の意見であり、またややもすると行き過ぎる点があったナポレオンを誡《いまし》めたのもレティチアでした。ナポレオンは次のように言ったことがあります。

「母には正しい判断力が備わっているので、王国一つを統治することもできるだろう★15」

文豪スタンダールは、レティチアのことを大変に尊敬しまして、レティチア・ボナパルトの生涯ほど偽善に染まらない、高貴な生涯というものはないのではないかと、賛嘆いたしました。このように母・レティチアなくしてナポレオンの存在は、ある意味ではなかったのではないかといっても過言ではないと思います。

4　妻・ジョゼフィーヌ

次に「妻」の存在へと移っていきたいと思います。

ナポレオンの妻・ジョゼフィーヌもまた、彼がさえない、何の変哲もない軍人から第一執政になり皇帝になり、そしてヨーロッパ全土を治めていく、その上昇気運のなかにあったときに彼を支えました。

彼女は一七六三年、カリブ海のマルチニック島という島で生まれました。一七六三年生まれといいますと、彼女はナポレオンよりも六歳年上です。彼女は一七七九年、十六歳のときにフランスに渡ります。彼女もナポレオンと同じように島の貧乏貴族の娘でした。それが親戚《しんせき》を頼ってパリに来て、二十歳のときに子爵・アレクサンドル・ボーアネルという貴族と結婚します。そしてウージェーヌという息子とオルタンスという娘をもうけます。フランスに来てからは、彼女は上流貴族の夫人として、「社交界の華《はな》」といわれるくらいの華やかな生活を送っておりました。

ところが、ジョゼフィーヌにも大きな転機が訪れます。それはフランス革命でした。革命が勃発《ぼっぱつ》したため、国王や貴族の生活は一変してしまいました。彼女の夫・ボーアネルも一七九四年に逮捕され、ギロチンで首を刎《は》ねられてしまいます。ジョゼフィーヌも、もうあと数日後に処刑されるところ、「テルミドールの反動」という反革命が起こり釈放されることになりました。間一髪《かんいっぱつ》のところで彼女は助かったのです。

しかし、彼女は夫を失って、二人の子どもを抱える未亡人になります。その彼女が一七九五年、ナポレオンと出会うのです。そして彼の求愛を受けて結婚するのです。

ちなみに、これまで「ジョゼフィーヌ」あるいは「ナポレオン」と言ってきましたが、実はこの名前は二人が出会って結婚するまではそれぞれ違っておりました。どういうことかと申しますと、「ジョゼフィーヌ」というのは「マリー・ジョゼフ・ローズ」というのが本名です。友達や社交界では「ローズ夫人」と呼ばれていました。ところがナポレオンには面白い癖《くせ》があり、自分の好きになった女性を自分好みの名前にしてしまうという習慣がありました。彼は「ローズ夫人」に対しても自分の好きな名前に変えてしまいます。すなわち「マリー・ジョゼフ・ローズ」であった名前を「ジョゼフ」を強調して「ジョゼフィーヌ」と変えたわけです。またナポレオン自身も、ジョゼフィーヌと結婚するまでは「ナポレオーネ・ボナパルテ」というイタリア式の名前で名乗っていました。ところがナポレオンはジョゼフィーヌというフランスの元貴族、上流階級に顔の広い自らが名前をつけた彼女と結婚することによって、自分も本当のフランス人になろうと決意します。そして、名前を「ナポレオン・ボナパルト」とフランス風に呼ぶようにしました。すなわちジョゼフィーヌとナポレオンというこの二人は、それぞれ結婚を契機に「ジョゼフィーヌ」「ナポレオン」という名前に変えたのです。

ナポレオンとジョゼフィーヌは、もともと身分も立場もまったく違います。ジョゼフィーヌは社交界・貴族社会きっての花形の婦人でありました。それに対してナポレオンは軍服も似合わなければ見栄《みば》えもよくない、身体も小さい、さえない青白い顔をしている、そういうまったくうだつのあがらない存在でした。ジョゼフィーヌとナポレオンは出会ったときのことを比較しますと、まったく共通点がないようでした。ところが、よく調べてみますと、二人には不思議な共通点があるのです。すなわちフランス革命がなかったならば、この二人はめぐりあうことはなかっただろうということ。また、その出生については共に下級貴族の子どもであったこと。しかもナポレオンはコルシカ島、ジョゼフィーヌはマルチニック島という、両方とも島の出身であったということです。コルシカ島はナポレオン

妻・ジョゼフィーヌ

が生まれる一年前にイタリア領からフランス領になりました。マルチニック島という島も、ジョゼフィーヌが生まれる九日前にイギリス領からフランス領になったばかりでした。一歩間違えればコルシカ島はイタリア、マルチニック島はイギリスのものということで二人が出会うことはなかったと思うのです。ところが運命の糸が二人をめぐりあわせるかのように、二つの島はともに外国の領土からフランス領になったのです。ちなみに、ジョゼフィーヌは子どものころにマルチニック島のある女占い師から、「おまえは将来、王妃以上の存在になる」と予言されたといわれています。

一見すると、立場も身分も違うように見える二人ですが、その淵源《えんげん》をたどってみるとここにも共通点がある。では、この二人はどうやって出会ったのでしょうか。出会いは一七九五年十月のことでした。革命で倒された王党派は再び勢力を立て直そうと、いわゆる「ヴァンデミエールの反乱」を起こします。この反乱は失敗しますが、革命政府は王党派が残っていることに危惧《きぐ》を抱き、武器を全部没収してしまいます。そのなかでジョゼフィーヌの夫の形見の刀も没収されてしまいます。ジョゼフィーヌと子どもたちは亡き夫あるいはお父さんの形見の品を大変に恋しがります。なんとか形見の刀だけは返してもらえないだろうかと親子は嘆くのです。そのようなとき、誰かの口利きでジョゼフィーヌの子どもである、ウージェーヌがナポレオンを訪ねてきます。そして亡くなったお父さんの形見の品をなんとか返してもらえないだろうかとナポレオンに頼みます。ナポレオンは「わかった」と言って、形見の刀をとり戻してあげます。交渉して返してもらえるように段取りをつけてあげたのです。これに対してジョゼフィーヌは大変に喜びまして、ナポレオンの家にわざわざお礼に来ます。

ところが彼女が最初にナポレオンに会ったとき、その身なりがあまりにもみすぼらしく軍服が似合わず、しかもさえない顔をしているので、最初はその家の給仕かなにかと間違えたらしいのです。「ナポレオンにお会いしたい」と言ったときに、「私がナポレオンです」と彼は答え、二人は初めて出会うのです。したがって、ジョゼフィーヌはナポレオンに会ってもなんとも思わない。何も感じないのです。痩《や》せた小男で面白い話をしてくれるわけでもない。だからといって財産があるわけでもない。ジョゼフィーヌは、ただお礼だけを言いました。

ところが、ナポレオンはジョゼフィーヌを見たときに、「一目惚《ひとめぼ》れ」しました。物腰、雰囲気、優しさ。あらゆる点から彼は一目惚れをしてしまったのです。そしてナポレオンとジョゼフィーヌのつき合いが始まりました。

ちなみに、ジョゼフィーヌはそれほど美人ではなかったといわれております。ただ、明るく温かな人柄、またその振る舞いが非常に優雅でした。しかも大変に愛想がよい。声が美しい。さらにナポレオンは、「ジョゼフィーヌといると心の安らぎを覚える」と言っております。彼女は学問があるとか知性が優れているというような面ではない。なんともいえず自然に人の心を摑《つか》んでしまう、また捉《とら》えどころのない無邪気ななかにも、愛想がよい、しかもそばにいると安心できる、そういう雰囲気があり、それらがナポレオンを包んでしまったのです。

かくしてナポレオンはいっぺんにジョゼフィーヌに熱をあげてしまいまして、やがて求婚します。しかし、彼女はナポレオンに対して最初は別に何も感じなかったのです。彼は「ぜひとも結婚を」と迫ります。するとジョゼフィーヌも最初は結婚しようという意思はなかったのですけれども、だんだん彼の熱意に押されていきます。このころの心理状態をジョゼフィーヌは手紙に書いています。「(友達に対して)あなたは私がナポレオンに対してどう思っているかお尋ねですけれども、私がお答えするには、私はナポレオンのことを好きでも嫌いでもありません。ちょうどぬるま湯に浸《つ》かっているような状態です。ただナポレオンが誠実であるということ、それから非常に情熱的であるということ、ここに私は心を動かされます」と。好きでも嫌いでもない、ぬるま湯に浸かっている状態である。ただあえてよいところをいうならば、彼が誠実である大変情熱的である、ここに私が心を惹《ひ》かれる点が少しあります、と彼女は答えているのです。

そして、こうしたジョゼフィーヌにもだんだんと打算が働いていきます。私ももう三十二歳だし、二人の子どももいる。生活も苦しい。いつまでこのような生活が続くんだろうか。あまりうだつのあがらない軍人だけども、ここらで手を打ってもいいかなという計算が彼女に働くのです。そして二人は結婚します。

結婚のときのエピソードです。役場に二人は結婚届を出しますが、ジョゼフィーヌは三十二歳でした。しかし彼女は四歳年下にサバを読みます。二十八歳にするのです。ナポレオンは二十六歳でした。彼は二歳年上にサバを読みます。すなわち二十八歳。二人が役場に届けた結婚届では、ともに二十八歳でした。

もう一つのエピソードです。ナポレオンとジョゼフィーヌが結婚するということを知った母・レティチアは、いわゆるコルシカ島の伝統と気風のなかで生きてきた女性ですから、「なに、三十二歳。六歳も年上の、しかも未亡人。とんでもない」と言って、この結婚に大反対します。でもナポレオンは反対されることがわかっていましたから、母・レティチアにはこの結婚を知らせませんでした。知らせないで結婚の届けを出す。自分の友人だけを呼んで結婚式を挙げてしまう。後に母・レティチアは結婚の報告を聞いて激怒《げきど》しました。

このように結婚のときにはゴタゴタがありました。でもナポレオンはジョゼフィーヌと結婚して満足でした。ところがジョゼフィーヌの方は、いわゆる「ぬるま湯」のような状態で結婚しましたから、結婚した後もナポレオンに対して最初は別にそんなに深い愛情を注がなかったのです。しかも、結婚式の二日後からナポレオンはイタリア遠征軍の総司令官になってイタリア遠征に行ってしまいますから、新婚早々二人の生活は離れ離れでした。ナポレオンはイタリアに向かう途中から、またイタリアの地からそれこそ毎日のようにジョゼフィーヌに手紙を出します。

「私の幸福は君が幸福であるということだ。私の喜びは君が陽気であるということだ。私の楽しみは君が楽しみを持っているということだ。これ以上の献身と、情熱と、愛情とをもって愛された女はかつてなかった★1」

「私のいのちである妻よ。どうして私が寂しがらずにいられよう。君からの手紙は来ない。私は君の手紙を四日おきにしか受け取らないのだ。君が私を愛しておくれだったら、日に二度は手紙を書いておくれだろうに★1」

　こういう感じで、ナポレオンの妻・ジョゼフィーヌに対する手紙というものは烈々《れつれつ》たるものでした。ところがジョゼフィーヌは手紙を書くどころか浮気をするのです。ナポレオンがいない間に若い貴族の男を相手に飛び回っているのです。ただ、彼女がナポレオンに手紙を一通も書かなかったという理由は、一説によるとナポレオンの字があまりにも汚《きたな》いので、読むのが面倒臭かったといわれています。ともあれ、ナポレオンのジョゼフィーヌに対する愛は非常に深いものがありました。

　ところが、年を追って見ていただくとわかるのですが、ナポレオンはジョゼフィーヌと結婚してからどんどん道が開けていきます。まるで運命が変わったように、イタリア遠征軍の総司令官になり、イタリアでの戦争も連戦連勝です。したがって周りの兵士たちは、ナポレオンがジョゼフィーヌを熱烈に愛していることを知っていますから、「ジョゼフィーヌこそ勝利のマドンナ、聖母である」と言って彼女を称《たた》えました。実に、ジョゼフィーヌは「幸運の女神」でした。

ところが、それほど熱を上げたナポレオンは、ジョゼフィーヌがどうも浮気しているらしい、という話が兄と弟からの報告によって入ってくるにしたがって、だんだんとその熱が冷めていきます。かつてほど、「ジョゼフィーヌ」「ジョゼフィーヌ」と言わなくなっていくのです。ところが逆に、ジョゼフィーヌの方は、どうも自分が結婚した男はただ者ではないようだと感じるようになります。今度は彼女の方がナポレオンに対して尊敬の念を高めていくのです。

なんだかこういうと、ジョゼフィーヌが男性の運命を押し上げるような、神秘的な力を持っていたという気がしますが、そうではないのです。実は彼女の持っている力が、ナポレオンが権力の頂点に達するにしたがって発揮されるようになっていくのです。といいますのは、彼女は心優しい、温かさ、包容力を持っていました。また革命前は貴族の上流社会のあらゆるところにその勢力を伸ばしていた女性です。一方、ナポレオンは貴族社会を知らず、上流社会に無知で、貴族のマナー、上流社会の態度、振る舞いがわからない青年でした。ところがナポレオンの立場がどんどん上がっていくにつれて、上流社会のしきたりを知ることが必要になってくる。そのとき、ジョゼフィーヌの力が大きく発揮されるのです。上流社会の人脈、そこでの振る舞いが役に立つのです。ナポレオンには想像すらつかないことをジョゼフィーヌは無難にこなしていくのです。したがって、単にジョゼフィーヌが運をもたらす女性であるというような神秘的な側面だけではなく、かつて彼女が貴族・上流社会の華やかな社交界で活躍していた経験が、今度はナポレオンの妻になってからも生きてきたのです。こうしたジョゼフィーヌの力によって、ナポレオンは上流社会においてもその力を発揮することができるようになったといわれているのです。

ナポレオンの女性観については、先にもちょっと触れましたが、なんといっても母・レティチアから受けたイメージが非常に強い。すなわち、女性は子どもが多い方がよい、女性は家庭をしっかり守るべきである、女性が政治とか公務などの公の場には出ない方がよい、といった類《たぐい》のものです。現代の観点からいうとやや古いかもしれません。ただし、ナポレオンは、女性に対しては優しく、独立した人間としての人格は、認めていました。

彼は後に、セント・ヘレナ島で女性について語っています。すなわち「私は、女性と十分に対話できなかったことを後悔している。女性からは、男たちがあえて私に語ろうとしない多くのことを、学ぶことができる。女性には、まったく特別な独立性があるのだ」[★6]と。女性から学ぶべきものは非常に多いというわけです。

ナポレオンとジョゼフィーヌの結婚生活は十四年間続きました。この期間ナポレオンは、その運命を一気に切り開くように、社会においても世界においても大きく自分を伸ばしていきます。したがって当初ナポレオンはジョゼフィーヌを大変大事にしましたが、その権力の絶頂期に差しかかると、どうしても気がかりなことがありました。それはジョゼフィーヌとの間に子どもができないということでした。最初彼は、彼女との間に子どもが生まれないのは自分の責任であると思っていました。というのはジョゼフィーヌには子どもがいたからです。ところがあるとき転機が訪れます。一八〇七年ですが、ナポレオンがロシアから圧迫されていたポーランドを助ける。そのときポーランドの貴族の婦人と知り合いになるのです。ワレフスカというポーランドの女性ですけれども、その女性と一夜を共にしたことにより、彼女との間に子どもができるのです。そこでナポレオンは、自分でも子どもができるのだということがわかって、自分の皇帝としての跡を継ぐ子どもが欲しくなる。嫡子《ちゃくし》を望むのです。そのため一八〇九年、ナポレオンはジョゼフィーヌとの離婚を決意しまして、そのことを彼女に告げます。

ナポレオンから離婚を告げられたジョゼフィーヌは、あまりのショックに床に崩れ落ちたといわれております。彼はジョゼフィーヌに離婚の理由をきちっと話して別れるのです。あくまで世継《よつ》ぎである子どもが欲しいために離婚するのであって、ジョゼフィーヌが憎くて離婚するわけではないと説明します。そのため、ナポレオンはジョゼフィーヌの生活に対しては最大の配慮をします。またジョゼフィーヌが「永遠にわたるフランス皇后」と名乗ってよいと許可します。マルメゾンの館と今日のフランス大統領の官邸になっているエリゼ宮殿を彼女に与え、年額三百万フランのお金を保証します。日本円で約十五億です。このような最大の配慮をしてナポレオンはジョゼフィーヌと離婚します。そしてオーストリアの皇帝の娘・マリー・ルイーズを新しい王妃として迎え、彼女との間に待望の男の子をもうけます。ナポレオンはその子を「ローマ王」と名づけて大事に育てます。一方、マルメゾンの館に引きこもったジョゼフィーヌはナポレオンとの思い出を大事にします。机の上にはナポレオンが開いた本をそのままにし、ナポレオンの地図には彼が記した印を残しました。ナポレオンの脱《ぬ》いだ服も脱いだままにし、ナポレオンがいたのとまったく同じ状況にマルメゾンの館を残したといわれています。後世その部屋を見た人たちは、今でもナポレオンが生きているのではないかという感想を懐《いだ》いたほどです。ジョゼフィーヌはナポレオンとの思い出をいつまでも大事にしたのです。

一方、ジョゼフィーヌを離婚してしまったナポレオンに対して、兵隊たちは大変残念がります。兵隊たちは優しいジョゼフィーヌのことを「年寄り」「おばあさん」と言って、いつまでも偲《しの》びます。「皇帝は年寄りから離れるべきではない」「皇帝はジョゼフィーヌから別れるべきではない」「彼女は皇帝に幸福を運んでくれたし、われわれにも戦運をもたらしてくれた。ナポレオンはジョゼフィーヌを離別すべきではなかった」と言うのです。

ともあれ、ナポレオンは新しい妻・マリー・ルイーズとの間に生まれたローマ王を非常に大事にします。ジョゼフィーヌはナポレオンとマリー・ルイーズとの間に子どもが生まれたことを聞いて、大変喜び、会うことを希望します。その願いは叶《かな》い、一八一二年、ジョゼフィーヌが亡くなる二年前にナポレオンの子ども、ローマ王と彼女は面会します。そのとき、彼女はローマ王の顔をじっと見ながら涙を流して言いました。

「可愛《かわい》い坊や、私があなたのためにどんな犠牲を払ったか、いつかあなたにもわかる日が来るでしょう★15」と。

　不思議なことに、ジョゼフィーヌと別れた後のナポレオンの運命というのは急落の一途をたどります。戦争に敗れ、エルバ島に流され、最後はセント・ヘレナ島で客死《かくし》するのです。

　その後、歴史は興味深い展開をします。ナポレオンの子どものローマ王は二十一歳のとき、肺炎で亡くなってしまいます。ジョゼフィーヌと離婚してまでもうけた彼の子は二十一歳で世を去ってしまうのです。ジョゼフィーヌも一八一四年、ナポレオンがエルバ島に流された後、肺炎がもとで五十一歳の生涯を閉じます。ナポレオンも五十一歳で亡くなります。ところがジョゼフィーヌには二人の子どもがいました。ウージェーヌとオルタンスです。このジョゼフィーヌの娘、貴族の前夫との間の娘オルタンスは、後にナポレオンの弟ルイと結婚するのです。そして二人の間に子どもが生まれます。これがルイ・ナポレオン・ボナパルトといって、後にフランスの皇帝、ナポレオンⅢ世となり、第二帝政を開きます。実にジョゼフィーヌの孫がフランスの皇帝となりナポレオン王朝の再建に尽くすのです。しかも、ナポレオンⅢ世の外務大臣として活躍するのがナポレオンとあのポーランドのワレフスカ夫人との間に生まれた子ども、ナポレオンの実子、アレクサンドル・ヴァレフスキ（一八一〇～一八六八年）です。実にナポレオンの家系の流れには興味深いものがあります。

なお、ナポレオンとマリー・ルイーズとの間に生まれた子どもローマ王は、二十一歳で亡くなるまではすくすくと育ちました。聡明な青年として成長していたのです。オーストリア政府は彼を絶対にフランスに戻すな、オーストリアの管轄《かんかつ》下に入れておくとしたのです。ローマ王は図書館でナポレオン関係の史料を読み漁《あさ》り、自分の父親がどういう人であったのか、どのような活躍をしたのかを調べます。そして一つの結論に達します。「もしジョゼフィーヌが私の母だったら、父がセント・ヘレナ島に埋葬《まいそう》されることはなかっただろうし、この私がウィーンに来ることもなかっただろう。彼女（マリー・ルイーズ）は善良だが弱い女性だ。彼女は父にふさわしい妻ではなかった」★15と。

実にナポレオンが権力の絶頂期にまで一気に這《は》い上がっていく、その背後にはジョゼフィーヌの何ともいえない力が働いていたといえます。ジョゼフィーヌは、一八一四年五月、肺炎のためにマルメゾンの宮殿で亡くなります。彼女が死ぬ間際《まぎわ》に残した言葉は、「ボナパルト、エルバ島、そしてローマ王」だった、といわれています。彼女の夢は、ナポレオンといっしょに動物園を開きたい、そこで子どもたちを喜ばしてあげたい、ということでした。彼女は最後まで夢見て、ナポレオンとともにその生涯を歩むことを理想としていたといわれています。

一方、ナポレオンの最後の言葉、すなわちセント・ヘレナ島で彼が亡くなるときに残した言葉は、「フランス、先頭、軍隊」そして「ジョゼフィーヌ」だったとの説があります。

実にナポレオンの人生はジョゼフィーヌとの結婚とともにその栄光の道が開かれました。こう考えますと、男性の人生にとって女性の存在がいかに大きなものであるか、ということがわかります。ナポレオンとジョゼフィーヌが結婚したときから二人の道は大きく開け、その人生は栄光の道を歩むことになりました。そして、二人が別れてからは、ともにその力を失っていったということがいえるのではないかと思うのです。

稀代《きだい》の英雄といわれたナポレオン。そのナポレオンの人生を形成してきた背後には母・

レティチアと妻・ジョゼフィーヌの力が大きく働いていました。そのことをナポレオン自身の言葉によって裏づけながら紹介してまいりました。実に、時代をつくるのは、ある意味では女性の力といえましょう。

第Ⅱ部

ナポレオンⅢ世

第1章　フランスの政治体制の変遷

1　再評価されたナポレオンⅢ世

第Ⅱ部の主題は「ナポレオンの夢を再現した男」です。換言するとナポレオンⅢ世の生涯と業績を紹介することにあります。

ナポレオン（伯父のナポレオンのことをナポレオンⅠ世とは表記せず、単にナポレオンとします）以後、フランスはどうなったのか。その流れのなかでナポレオンの夢を継ぎ、再びナポレオン帝政を築いた甥《おい》のナポレオンⅢ世のことを中心に話を進めたいと思います。

換言すると、ナポレオンの残した夢、壮大な理想、この伯父の遺訓《いくん》を忘れることなく、約三十三年間にわたる流転・逃亡生活のなかから、やがてフランス大統領となり、そして皇帝となってナポレオン帝国を再び築いたナポレオンⅢ世について論じるのが、ここでの目的です。

ナポレオンは、名もない軍人の立場から身を起こし、フランスの国家を立て直し、ヨーロッパを統一した後、東西両文明の融合を図ろうという壮大な夢を描きました。そして、そのかなりの部分は実現したといってよいでしょう。

だが、無念にも彼の夢は志半ばにしてくじかれ、彼は大西洋上の孤島セント・ヘレナで一八二一年五月死去します。彼の理想はここでついえてしまったかに見えました。

しかし、彼が波及させた「ナポレオン伝説」は生き残り、彼の理想は、彼亡き後のフランスおよびヨーロッパを席捲《せっけん》しました。そのなかから彼の夢を追い、彼の理想を再現しようとした男が現れました。それがナポレオンの甥、ルイ・ナポレオン・ボナパルト（以下、ルイ・ナポレオンという）でした。

ルイ・ナポレオンは欧州やアメリカを転々としながらも、いつかナポレオン帝国の再建を果たすとの決意を持ち続け、ついに一八五二年十二月、皇帝ナポレオンⅢ世となって、フランス第二帝政を樹立します。

第Ⅱ部では、こうしたナポレオンⅢ世の生涯を追いながら、さまざまな業績について紹介し、先人の遺志を継《つ》ぎ、その理想を達成しようとする人間の執念に燃えた生き方についても考察してみたいと思います。

なお、少し話は変わりますが、ヴィクトル・ユゴーについて詳しい方はご存じだと思いますが、ヴィクトル・ユゴーはナポレオンⅢ世と徹底的に対立しました。対決したのです。ヴィクトル・ユゴーは十九年間亡命生活を続け、ナポレオンⅢ世と戦い続けながら『レ・ミゼラブル』などの小説を書きました。

このような印象が強いため、ルイ・ナポレオン、ナポレオンⅢ世というと「独裁者」「悪人」というイメージを思い起こす人が多いと思います。しかし、これは正確ではありません。あくまでもユゴーの立場から見たナポレオンⅢ世像なのであって、今日のフランスの研究学界においては、ルイ・ナポレオン、ナポレオンⅢ世がいなかったならば、第二帝政はなかったであろう、その業績がなければ、今日のフランス国家の発展の土台は築かれなかったのではないか、ナポレオンⅢ世は近代フランスの国民国家を建設した偉大な皇帝であった、こういう評価が一般的になっているのです。

これまで評価されていなかった皇帝ナポレオンⅢ世が、今日においては、むしろ現在のフランスを築いた偉大な皇帝であるとの再評価がなされている。そのことを知っておいていただきたいと思います。

2　フランス第二帝政の意味するもの

最初に、歴史の大きな流れのうえから、ナポレオンⅢ世の開いたフランス第二帝政という体制がどのような意味を持っているのかということについて考えてみたいと思います。

フランス革命からナポレオン、そして十九世紀にかけてフランスの政治体制は興味深い変化を繰り返します。すなわち、「絶対王制」という王制の時代がフランスでは長く続きました。具体的にいいますと、ジャンヌ・ダルクがイギリス軍を破って王太子シャルル七世を国王にすえてからフランスの王権の基礎が固まり、以来フランスはずっと王国として続いていきます。とくにブルボン王朝が長く、絶対王制として有名です。アンシャン・レジーム（旧制度）ともいいます。その王制を破ったのが一七八九年のフランス革命でした。絶対王制というのは国王が中心にいて、次に僧侶がいて、その次に貴族がいて、最後に平民が位置するという厳格な身分制をとっていました。

それに対して、人びとの間からそのような体制のあり方に不満が起こり、人間は生まれながらにして自由であり、平等である。また友愛の精神を持つこと、さらには人権が大事なんだという声が高まり、それらが理念となって王制を倒していきます。これが「フランス革命」でした。一七八九年七月十四日に勃発《ぼっぱつ》しました。

フランス革命で絶対王制が倒れて、国王ルイ十六世の首が切られ、王制がなくなった後、フランスは「共和制」になります。共和制というのは国王ではなく民衆が自分たちの間から代表を選挙で選び、指導者を決め、議会を置いて政治を行うというものです。国王ではなく自分たちの間から政治のリーダーを決める、これが「共和制」です。

フランス革命は、一七九二年から一八〇四年まで「第一共和制」という新たな「共和政体」という政治体制を生みました。これは民主的で、人民が自分たちの間から代表を選んで政治を行うという理想的な政治形態であると思えました。しかし、そのときにはまだ時期早尚《そうしょう》でした。すなわち国王の体制は倒しましたが、その後革命を起こした人たち同士が激しい対立・抗争を繰り返し、社会は混乱し、経済はめちゃくちゃになり、フランスという国は大きく落ち込んでしまったのです。

しかも革命が起こったうえに、国王の首を切ったということで、周辺のイギリスやオーストリアやロシアやプロイセンなど国王をいただく国は「フランスにおいて革命が起こった。国王の首が切られた」「フランスはとんでもない」ということになり、フランスに対する干渉戦争を企《くわだ》てました。そして革命政権を打倒し、フランスを再び王制に戻そうとしたのです。

このように革命後のフランス国内は大混乱、国外からは戦争の危機という状況に陥《おちい》りました。そのなかから台頭してきたのがナポレオンです。軍人ナポレオンは立ち上がり、自分が政権を握って国内の混乱を平定し、対外的な干渉を打ち破って新たな体制を築くことにします。ナポレオンはそのすべてを成就しました。そして一八〇四年にナポレオンは皇帝になり、「ナポレオンI世」と名乗りました。

なぜ「皇帝」というのか。「皇帝」というのは、もう王制の時代には戻さない、国王の時代にしないということの宣言です。同時に国王以上に強力なリーダーシップを発揮して政治を行うということの明言です。そういう意味が「皇帝」という言葉のなかに含まれております。そして、ナポレオンは皇帝として約十一年間、一八一五年まで君臨し、いわゆる「帝政」という政治体制を敷きました。これが「第一帝政」です。

ところがナポレオンは、イギリスとプロイセン（ドイツ）の連合軍にワーテルローの戦いで敗れてしまう。そして、セント・ヘレナ島に流されてしまいます。ナポレオンの体制は崩壊します。その後フランスはどうなったかというと、再び王制が復活するのです。フランス革命のなかで首を切られた国王ルイ十六世の弟、ルイ十八世が即位して「復古王制」という王制の時代に戻るのです。ブルボン朝の復活です。

しかし、ルイ十八世の復古王制の時代は保守反動的な政策をとったため、再び革命が起こります。それが「七月革命」です。一八三〇年のことです。「七月革命」によってブルボン王朝は倒されます。

その後フランスはどうなったかというと、王制はなくなりませんでした。王制でなくてはいけないという空気が強く、ブルボン家の傍系であるオルレアン家のルイ・フィリップという人が国王になります。「七月革命」から生まれたのでこの王制は「七月王制」と呼ばれます。このようにナポレオンによる「第一帝政」が倒れた後、「復古王制」「七月王制」

という王制にフランスは戻ってしまうのです。

ところが「七月王制」も結局人気がなくなり、ついに一八四八年、「二月革命」という革命が再び起こります。そしてまたも王制を倒してしまうのです。再び共和制の時代を迎えます。革命で王制を倒した後に、国民が自分たちの間からリーダーを選んで政治を任せるという「共和制」という政治体制に戻っていくのです。これは二回目の共和制でしたから「第二共和制」と呼ばれます。

後ほど詳しく述べますが、この第二共和制のなかで大統領に選ばれたのがナポレオンの甥《おい》、ルイ・ナポレオンでした。彼が第二共和制をリードしようとするのです。

しかし王党派の力はまだ強く、大統領ルイ・ナポレオンのやることにことごとく邪魔をします。そこでルイ・ナポレオンはクーデターを起こし、憲法を変え、王党派の強い議会を閉鎖して、新たな体制をつくってしまいます。一八五二年、ルイ・ナポレオンは皇帝となって「ナポレオンⅢ世」と名乗り、第二帝政を開きます。ナポレオンⅢ世による第二帝政は約十八年間、一八七〇年まで続くのです。

ところが一八七〇年にナポレオンⅢ世はプロイセン、すなわちドイツと戦って敗れ、第二帝政は崩壊します。ナポレオンⅢ世はロンドンに亡命し、そこで客死《かくし》しました。第二帝政が倒れた後、フランスはまたも共和制に戻り、一八七〇年に「第三共和制」が成立します。その後、今日まで「第四共和制」「第五共和制」と続き、今ではフランスは共和国として定着しています。

以上、十九世紀の歴史を述べてきましたが、政治体制のうえからいいますと「王制」が倒されて「共和制」になり、次に「帝政」が誕生します。しかしまた、「復古王制」「七月王制」という「王制」になります。また、それが倒れて「第二共和制」という「共和制」になり、その「共和制」の後に「帝政」が復活し、最後は「共和制」で定着します。フランスは「王制」から「共和制」、そして「帝政」へ、また「王制」から「共和制」そして「帝政」へと、政治体制が同じサイクルで二回繰り返すのです。実に興味深い歴史の偶然といいますか、歴史の歯車というか、こういう現象が起こったのです。

そうしたなかでナポレオンが第一執政となって政治の実権を握ったのが一七九九年、以来一八一五年までナポレオンが統治しました。そして一八五二年から一八七〇年までは、甥のナポレオンⅢ世がフランスの政治の実権をとったのです。

第2章　ナポレオンⅢ世とナポレオンの夢

1　ナポレオンⅢ世とは

次に、ナポレオンとナポレオンⅢ世はどういう関係にあったのか、という問題を見ていきます。

シャルル・ボナパルテ、この人がナポレオンのお父さんです。マリア＝レティチアがナポレオンのお母さんです。そしてジョゼフ、これが一番上のお兄さん。その次がナポレオンです。その次に弟リュシアン、その次にエリーズという長女、次に二番目の弟ルイ、この二番目の弟ルイに注目しておいてください。その次がポリーヌという妹、その次がカロリーヌという妹、そしてジェロームという弟が一番下です。今日のナポレオン家の当主、ナポレオン家を継いでいるのはこの一番下の弟ジェロームの子孫でして、それ以外の子孫は全部いなくなっています。

それではルイ・ナポレオン、後のナポレオンⅢ世はどういう人であったかということを見ていきましょう。ナポレオンは最初ジョゼフィーヌと結婚いたします。ジョゼフィーヌはウージェーヌとオルタンスという二人の子どもを持つ未亡人でした。ジョゼフィーヌの前の夫は貴族で、フランス革命のさなかギロチンにかけられて死んでしまいます。そのためジョゼフィーヌは二人の子どもを連れてナポレオンと再婚します。ナポレオンは初婚でした。

ところが、ナポレオンとジョゼフィーヌの間に本当の子どもが生まれないために、ナポレオンは後にジョゼフィーヌを離婚してしまいます。そしてナポレオンはマリー・ルイーズというオーストリア皇帝の娘と結婚をします。一八一一年、マリー・ルイーズとの間にローマ王というナポレオンの本当の子どもが生まれます。これがナポレオンⅡ世になります。ところがナポレオンⅡ世は、一八三二年、二十一歳のときに肺炎で亡くなってしまいます。よい青年であったようですが、残念ながら若くして亡くなってしまうのです。

さて一方、ジョゼフィーヌの連れ子のオルタンスという女の子はナポレオンの弟ルイと結婚します。一八〇八年、二人の間に子どもが生まれ、ルイ・ナポレオン・ボナパルトと名づけられます。ナポレオンの甥にあたります。オルタンスがナポレオンの本当の娘だったら、自分の子どもと弟が結婚することになるわけで、これは近親結婚であまりよくないことですが、血がつながっておりませんでしたので、この結婚は認められたのです。このナポレオンの甥のルイ・ナポレオンがナポレオンⅡ世亡き後、ナポレオンの遺志を継いで、フランス第二帝政を起こし、ナポレオンⅢ世という形になるのです。

十九世紀フランスの政治体制の変化の流れ、そしてナポレオン家の家系、これらを参考にナポレオンとナポレオンⅢ世の関係をよく理解しておいていただきたいと思います。

2　ナポレオンの夢

次にナポレオンの「夢」について、確認しておきたいと思います。ナポレオンには大きく分けると三つの大きな「夢」がありました。

一番目はなんといっても、フランスの政治的な安定と経済的な繁栄を図ることです。

ナポレオンを考えるときに一番大事なことは、「フランス革命をどう見るか」、すなわちフランス革命を受け入れるのか、あるいはそれを否定するのかという点です。これが後の政治的党派にとって、すなわち政党などにとって、大事な問題になります。

「フランス革命を受け入れる」とは何か。それはフランス革命が提示した「自由」という理念、また「平等」という考え方、そして「友愛」という観念、さらに「人権」というもの、これを認めるかどうかということです。今でこそ私たちは人間は生まれながらにして自由であり、機会において平等であり、友愛の観念を持ち、人権を尊重しなければならないと思っているかもしれませんが、フランス革命の時代、それはとても信じられることではありませんでした。

先ほど述べたように、それまでフランスの政治、社会体制は国王・僧侶・貴族・ブルジョア・農民という厳格な身分制度に基づいておりました。また、地方ごとに法制度などもそれぞれ特色を持って異なっておりました。地方ごとに独自性を強くしていたのです。そうしたなかにあって人間はみんな自由であり、平等であり、友愛の観念を持たなければいけない、また人権を尊重すべきであるという考え方が打ち出されてきました。そのような考えは当時のフランスの一般の人たちにとっては信じられなかったのです。

ところがナポレオンは、こうした革命派の考えを受け入れるのです。彼はコルシカ島の貧乏貴族の子どもとして生まれ、もともとイタリア人です。フランス人ではありません。それがナポレオンが生まれる一年前にコルシカ島がフランスに売られてしまったために、ナポレオンはフランス人になりました。しかし、もともとはイタリア系です。フランス語が話せません。友達からは馬鹿にされます。いわゆる「いじめられっ子」です。そういうなかでナポレオンは猛勉強します。あらゆる本を読みます。

なかでもジャン＝ジャック・ルソーの『社会契約論』を好み、そこに書かれている「人民主権」論にナポレオンは強く感銘を受けます。したがってナポレオンは王党派の軍人ではありましたが、考え方ははるか先に進んでおりました。これからの時代は人間は自由であり平等であり、人権を尊重しなければならない。こういう考え方をナポレオンは持っていたのです。

ナポレオンはフランス革命の原理を受け継ぎ、その原理を実現する社会の樹立を夢見たのです。

ナポレオンが考える人民主権とは、なによりも人民が豊かになるということでした。人民が権利を持っているということは、人民の生活や暮らしが豊かにならなければ意味がないとナポレオンは考えるのです。すなわち政治体制を安定させ、人びとの暮らしを豊かにする、それこそがフランス革命の目指したものであるとナポレオンは一貫して考え、その理想を追求したのです。

二番目は「ヨーロッパの統一」です。

つまり、ヨーロッパがいつまでもこうした小さな地域で分裂していたり、互いに戦争をしていたりしてはいけない。ヨーロッパには共通の通貨、共通の度量衡《どりょうこう》、共通の言語などが普及しなければいけない。ヨーロッパは一つである。すなわち「ヨーロッパ合衆国」という構想を描くのです。これがナポレオンの二番目の夢です。

三番目は、ナポレオンの夢はこれだけに留《とど》まらず、遠く世界にまで向けられていました。もちろんナポレオンの時代以前からフランスの宣教師などが中国やインドに行っていて、ナポレオンにもいろいろな情報は入っていましたが、そういう世界の動きを見るにつけ、これからは狭いヨーロッパに留まっているだけではダメだ、オリエントに行かなければいけない、すなわちエジプト、インド、東洋に行かなければいけない――そう彼は考えておりました。

ナポレオンが知っていたオリエントとはインドであり、中国であり、そして琉球（沖縄）でした。ナポレオンは、こうしたところから、西洋の文明と東洋の文明を結びつける大きな理想を達成しよう、と考えていたのです。

ナポレオンの脳裏には、いろいろな書物から得た一つの理想像がありました。その理想的な生き方をした人物は、ローマの偉大な政治家ユリウス・カエサルであり、カルタゴの将軍ハンニバルであり、マケドニアの大王であったアレクサンドロスでした。またプロイセンの強国化を実現したフリードリッヒ大王も彼の尊敬の対象でした。このようにナポレオンが知っている古代の英雄は全部、東西の文明を融合させた人物でした。

当時は国という概念があまりはっきりとしていませんでしたけれども、彼らは広く多くの地域を一つの領域としてまとめて安定を図っていました。アレクサンドロス大王は遠くインドにまで行き、ギリシア文明とインド文明の融合を図ったのです。ナポレオンはこのことをよく知っておりました。できれば自分もカエサルのように、アレクサンドロスのように、またフリードリッヒ大王のように世界をまとめる生き方をしたいという理想を、ナポレオンは描いていたのです。

それではここで、今述べたことについてナポレオンの言行録、すなわちナポレオンの実際の言葉から彼がどのように言っていたかを紹介してみたいと思います。

ナポレオンはあるとき、こう言っています。

「私は後世をのみ目指して生きております★1」

ナポレオンは、私が生きているのは「後世」であり、今ではないのだと。私が死んだ後の世界、そのことのみを考えて今生きています、というわけです。

「基礎を築くために努力しています。私は一つの立派な行政組織を打ち立てたいのです。私は確信していますが、必ずやいつの日にか西洋帝国が再び生まれるのが見られるでしょう★1」

このようにナポレオンは、まず一つには国内のしっかりした行政組織を打ち立てて、そして次には西洋帝国、ヨーロッパを一つの国家にする、そうした西洋帝国が見られると言っていました。同じくヨーロッパの統一については、ナポレオンは次のようにも訴えます。

「私はもっともっと高い理想に憧《あこが》れていた。私は国内の諸《もろ》々《もろ》の党派を融和させていたのと同様にヨーロッパの諸国の大きな利害の調和を準備しようと思っていたのである[★1]」

このようにナポレオンは、フランス革命は「自由」「平等」「友愛」「人権」という崇高な理念を打ち立てたけれども、現実はいろいろな党派に分かれて分裂・対立・抗争を繰り返して終わっている。国内のこうした分裂状態を私は調和させたいのだ、統一したいのだと言っています。

と同時に分裂しているヨーロッパの国々を、利害の調整を図ることによって一つの安定した地域として確立したいとナポレオンは理想を語っているのです。

さらに一七九八年、ナポレオンは次のように壮大な夢を語っています。

「このちっぽけなヨーロッパではたいした栄光は期待できない。オリエントに行かなければいけない。オリエントこそ、あらゆる栄光の源泉だ★11」

ナポレオンは、小さなヨーロッパというなかで対立・抗争を繰り返しているだけではなんの意味もない、たいした栄光は期待できない、本当の栄光はオリエントに行かなければいけない、東洋へ行かなければいけない、東洋にこそ本当の栄光が待ちうけている、その西洋と東洋を結びつけることが大事なのだと彼は言っていたのです。

セント・ヘレナ島に流されてから、彼は自分の回顧録を側近に口述筆記させますが、その回顧録を書いた人が次のように証言しています。

「皇帝は、とくにアジアに注意を向けられた。ロシアの政治状況や、同国（ロシア）がインドや中国にまで企てることの容易さについて★12」

このように短い言葉ですけれども、ナポレオンはとくにアジアに注意を向けたと伝えています。

そしてロシアの政治状況を語り、ロシアに遠征をしたということは、それがインド・中国へと続く道であり、ロシアの次はインド・中国へ行かなければいけない――皇帝はそのような大きな夢を、理想を描いていたと側近は語っております。ナポレオンがどれほどオリエント、アジア、とくにインド・中国に目を向けていたか、おわかりいただけると思います。

同じような口述筆記に、次のような一文があります。

「次いで皇帝は、そのシリア遠征、すなわちエジプト遠征に触れ、そしてエジプト遠征の主要な目的としてオリエントの全局面を変え、インドに新しい運命を与えうる革命を導きつつ世界の四つの部分でのイギリスの勢力を挫《くじ》くということに置かれた」★12と。

このようにナポレオンはオリエントからインドへ行く。インドに行って世界の四つの大陸を支配し、イギリスとの競争に負けないで東西の文明の融合を図る。これをナポレオンは強調したのです。

ナポレオンの言葉をもう少し引用します。一つは「革命」についてです。

「私は、革命を救い、革命の罪悪を洗い清め、栄光に輝くものとして革命を世界に示した。私はフランスとヨーロッパに新しい思想を植えつけた」★1

こうナポレオンは言って、

「私の息子は、私が蒔《ま》いた一切のものを花咲かせんことを」★1

これは、ナポレオンの一つの遺言です。

私は革命を救い、革命のもたらした罪悪、すなわち革命のもたらした政治的・社会的混乱、そういうものを救い、革命を栄光の輝くものとして世界に宣揚《せんよう》した。革命の持つ「自由」「平等」「友愛」「人権」という原理を世界に広げた。私の息子はこの私がやってきたことを断じて受け継がなければならない。これがナポレオンの遺言の第一でした。

そしてナポレオンが最後まで敵とし、最後まで敵《かな》わなかったのはイギリスです。ナポレオンは最後にワーテルローの戦いでイギリスに敗れてしまいます。東西文明の融合を図ることも、イギリスがいち早くインドでその道を開いていた。そのイギリスに追いつき、追い越すためにはイギリスとの関係をなんとかしなければいけない。これがナポレオンの課題でしたが、ナポレオンは後世の自分の跡を継いでくれると思われる人に次のような遺言を託していきます。「イギリスと仲よくやってゆくためには、どんな代償を払ってもイギリスの商業上の利益を促進しなければならない。この必然からは二つの結果が出てくる、すなわち、イギリスと戦うか、でなければ世界の通商をイギリスと共用するか[★1]」である。

結局、イギリスに対応するためにはどうすればよいかというと、徹底的にイギリスと戦うか、それともイギリスと商業上の利益を分け合うか、すなわちイギリスと仲良くやっていくか、この二つに一つしかない。

そしてナポレオンの結論は、

「今日、可能なのは、この第二の条件のみである[★1]」

すなわちイギリスと仲良くやっていくしかない、イギリスと絶対戦ってはいけない、これがナポレオンの第二の遺言となりました。

このようにナポレオンが後世に託した遺言は二つでした。革命の原理を死守せよ。もう一つはイギリスと絶対に戦争してはいけない、イギリスと仲良くしていきなさい、です。この二つがナポレオンの後世に残した遺言であった。こういっても過言ではないのです。これをナポレオンの夢を受け継ぐ人がどのように守っていくか、これが非常に大事なポイントとなります。

なお、ナポレオンはセント・ヘレナ島に流されてから、いろいろなことを思い浮かべるのですが、一つの課題として英語の習得という問題がありました。

ナポレオンは、いろいろな勉強はしてきたのですが、英語は勉強しなかった。当時のヨーロッパではフランス語が国際語でしたから、英語を学ばなかったのです。しかし、イギリスに負けて英語の必要性を痛感じます。そこで、ナポレオンはセント・ヘレナ島に流されてから、ラスカーズというお付きの人が英語ができたので、彼を相手に徹底的に英語を勉強するのです。その模様が『セント・ヘレナ日記』に書かれておりますので、ちょっとご紹介します。

「皇帝は、極めて規則的にご自分の仕事にかかっておられた。英語は彼にとって重要な事柄になっていた[★12]」

一八一六年の回顧録には、「皇帝は不意に、『英語がまだ読めないのは恥ずかしい』と言われた。（中略）数学は皇帝がとてもお好きな領域であり、お得意そのものである[★12]」。

一八一六年一月十六日の回顧録には、「今日、皇帝は、最初の英語の授業を受けられた。私（ラスカーズ）の第一の目的は、彼に新聞をすみやかに読めるようになっていただくことだったので、今日最初の授業は、英字新聞に近づき、その形式と構成を検討し、新聞のさまざまな主題の画一的な置き方を（中略）覚えていただく[★12]」ことであった。

天下のナポレオンも英語を学ばなかったことが失敗だった。英語を習得し、イギリスの事情をよく知っていれば、自分はもっとイギリスに対する対応を変えていたであろう、と思っていたのです。

以上のように、ナポレオンの夢は「フランス革命の原理を受け継ぎ、国内の安定を図る」「経済的繁栄を達成する」、そして「ヨーロッパの統一を果たし、東西両文明の融合を図る」

ということでした。実に壮大な世界ヴィジョンといえましょう。こうした夢を描くなかで、とくにナポレオンが強調したことは「フランス革命の原理を継承するとともにイギリスを絶対に敵にしてはいけない」ということでした。

このナポレオンの夢と教訓を引き継いだのがルイ・ナポレオンでした。

ナポレオンには一人、実子がいました。ローマ王です。しかし、その子は二十一歳で肺炎で亡くなってしまいます。ナポレオンには兄や弟たちがいました。だが、その兄や弟たちも亡くなったり、あるいはボナパルト家を継ぐのを放棄したりしてしまいます。すなわち、ボナパルト家を継ぐ者はほとんどいなくなってしまうのです。かろうじて残ったのが甥のルイ・ナポレオンでした。彼がナポレオンの跡を継ぐことになります。

こうした状況を予見した一文がありますので、簡単にご紹介したいと思います。

一八一五年六月、ワーテルローの戦いに出発する直前、作戦を練っているナポレオンの膝《ひざ》の上に、七歳の甥のルイ・ナポレオン・ボナパルトが涙を浮かべて座った。ナポレオンは尋ねた。「どこか悪いのか」。ルイ・ナポレオンは答えた。「家庭教師が、皇帝が戦争に行くと教えてくれました」。ナポレオンは言う。「いけないかね。私が戦争に行くのは初めてではないよ。泣く必要はない。私はすぐ帰ってくるよ」。「伯父上、邪悪な連合諸国はあなたを殺そうとしています。お願いです。どうか、私も連れて行ってください」。ルイ・ナポレオンはこのように答えた。その場にいる者は深く感動した。ナポレオンは「子どもを部屋から出しなさい」と静かに命じた。そして彼は言った。「多分、彼が私の家系を継ぐ唯一の頼みの綱《つな》になるであろう」と。★17

実際、この甥のルイ・ナポレオンが「私の跡を継いでくれる唯一の頼みの綱となるであろう」というナポレオンの予見通りに、ナポレオンの夢を実現することになるのです。

第3章　ナポレオンⅢ世の足跡

1　ナポレオンⅢ世の歩み

それでは、ルイ・ナポレオンがどのようにして皇帝ナポレオンⅢ世になっていったのか、彼がどういう生涯を歩んだのか、について見ていくことにしたいと思います。

一八〇四年にナポレオンが皇帝に即位します。それから四年後、一八〇八年四月二〇日、ルイ・ナポレオン、後のナポレオンⅢ世が生まれます。一八一五年ナポレオンがワーテルローの戦いで敗北し、セント・ヘレナ島に流されます。そのころ、ルイ・ナポレオンはフランス領から退去します。

といいますのも、ナポレオンがセント・ヘレナ島に流された後、王制が復活します。復活した王制は、ボナパルト家の者はフランス領に留《とど》まることはできない、一切フランス領から出て行けという命令を発します。これは「ボナパルト家追放令」といいますが、その結果、ルイ・ナポレオンは母親たちといっしょにフランス領から退去することになります。一八二一年、ナポレオンがセント・ヘレナ島で死去します。ルイ・ナポレオンは、アウグスブルク、これはドイツ領ですが、そこで皇帝死去の報を聞きます。その後、彼はスイスなど各地を転々とします。

そうしたところから、彼はナポレオンと違って、まずドイツ語ができます。つまり七歳にしてフランスを追われ、スイス領、とくにドイツ語圏のスイス領を転々としますので、フランス語も話しますが、ドイツ語訛《なま》りのフランス語だったといわれています。

一八三〇年に七月革命が勃発《ぼっぱつ》し、ルイ・ナポレオンはスイス陸軍の義勇兵になります。また、このころから彼は執筆活動を始めます。一八三二年、彼は『政治的夢想』という本を書きます。一八三六年十月、すなわち彼が二十八歳のときでしたが、フランスのストラスブールという町に入り、そこで決起を企《くわだ》てます。

これは後で詳しく述べますが、ナポレオンと同じ軍服を着て、フランスの軍人仲間を連れてフランスの駐屯《ちゅうとん》部隊に入り、「皇帝万歳！」「皇帝万歳！」という声を起こさせて、軍隊のなかから「やはり皇帝でなくてはいけない！」という機運を盛り上げようとしたのです。しかし、これは考えてもおわかりのように、あまりにも茶番劇でした。ストラスブールの蜂起《ほうき》は失敗に終わります。

このときは七月王制で、ルイ・フィリップが国王でした。ルイ・フィリップはこのルイ・ナポレオンの扱いに困りまして、結局アメリカに彼を送ってしまうことにします。彼はアメリカのニューヨークで三ヵ月ほど暮らすのですが、母・オルタンスが危篤《きとく》だという報告を聞いてスイスに戻ってきます。そしてオルタンスが一八三七年十月に亡くなった後、ルイ・ナポレオンはイギリスに渡ります。そしてイギリスで生活をします。一八三九年、彼は『ナポレオンの観念』もしくは『ナポレオンの思想』という本を書きます。

そして、最初の蜂起から四年後の一八四〇年八月、三十二歳のとき、あのストラスブールの蜂起と同じように、ルイ・ナポレオンはフランスのブーローニュというところで蜂起します。これもまったくストラスブールの蜂起と同じように、ナポレオンの軍服を着て、自分の仲間といっしょにブーローニュのフランス駐屯部隊の中に入っていって、「ナポレオン、万歳！」「皇帝、万歳！」という声を起こさせるのです。

ところが軍はこれにまったく動揺しませんでした。逆にルイ・ナポレオンを捕らえてしまいます。こうして二回の茶番劇というか反乱を企て、ボナパルト家再興の試みを図るのですが失敗してしまいます。ブーローニュでの蜂起が失敗に終わると、七月王制は今度はルイ・ナポレオンをアンというところの牢獄《ろうごく》に入れてしまいます。彼はそこで六年間生活することになります。

この六年の獄中生活で、ルイ・ナポレオンは思い切り勉強します。そして、将来構想を練るのです。その後、彼はアンの牢獄の脱獄に成功して、ロンドンへ亡命します。それが一八四六年五月でした。ロンドンで生活しているときに、一八四八年、母国フランスで二月革命が起こり、七月王制が倒れてしまい、第二共和制が発足します。ルイ・ナポレオンが四十歳のときでした。

第二共和制のフランスの普通選挙は、誰でも、どこの国からでも、立候補できるという制度でした。そこで、ルイ・ナポレオンは、第二共和国が生まれ、新しい憲法ができると、国民議会の議員になるために立候補するのです。そしてなんと当選してしまうのです。しかし自分には野心がないことを示すため当選を辞退します。だが、九月に補欠選挙が行われたとき、再び立候補して当選し、そのときルイ・ナポレオンは何年かぶりにフランスに戻ってきます。そして十二月、新しい憲法のもとで大統領選挙が行われるのですが、この選挙にルイ・ナポレオンは立候補します。すると、なんとルイ・ナポレオンが大方の予想を裏切って大統領に当選してしまうのです。ナポレオンのことを偲《しの》ぶ郷愁《きょうしゅう》が、農民を中心にルイ・ナポレオンに投票させたといわれています。

大統領に当選するのですが、議会はまだ王党派が強かったため、議会は何かにつけ新しい改革に抵抗しました。大統領にも反抗するのです。そこで、業を煮《に》やした大統領ルイ・ナポレオンは、一八五一年十二月、その王党派議会に対して、憲法停止・議会封鎖のクーデターを起こします。そして新しい憲法を作り、一八五二年十二月、ルイ・ナポレオンは皇帝に即位し、ナポレオンⅢ世と名乗りました。ナポレオンの夢であった帝政が復活したのです。フランス第二帝政という帝政が開かれます。

しかしナポレオンⅢ世は、一八六七年、メキシコ政策に失敗し、一八七〇年九月には普仏戦争でプロイセンに敗れて、ロンドンに亡命します。そして、一八七三年、ナポレオン

Ⅲ世は、ロンドンで六十五歳で病気で亡くなります。ルイ・ナポレオンは以上のような生涯を送ったのです。

第二帝政時代、ナポレオンⅢ世が何をやったのか、これは後に詳しく述べますが、ナポレオンⅢ世の業績は近代フランスの国家を形成するうえで、大変に大きなものでありました。

振り返ってみると、ナポレオンは最後までイギリスを敵としておりました。そして、イギリスに敗れてしまいました。ナポレオンⅢ世はナポレオンの教えを守り、イギリスと仲良くしますが、プロイセンを敵にし、プロイセンの計略にまんまと乗って敗れてしまいます。こうした結果になりましたが、しかしナポレオンⅢ世こそが、ナポレオンの夢を継ぎ、遺志を継ぎ、彼の残したことを実現し、ある意味では、ナポレオン以上の業績を挙げました。これが皇帝ナポレオンⅢ世です。

2　ナポレオンⅢ世台頭の背景

これまで、ナポレオンの夢、すなわち彼が後世に何を託したのかを述べてきました。そこでナポレオンが言ったことは「フランス革命の原理を忘れてはいけない」、いわゆる「自由」「平等」「友愛」「人権」という原理を守らなくてはいけないということでした。さらに、外交的に大きな業績を挙げると同時に「イギリスを敵に回してはならない」と言い、また「社会の発展、経済の繁栄、政治の安定、これを心得よ」という趣旨のことをナポレオンは言い残していったのです。

こうしたナポレオンの壮大な遺志を受け継いだのがルイ・ナポレオンでした。もちろん、すぐにはその構想の実現はできませんでした。そもそも「ボナパルト家追放令」という命令が発せられ、ボナパルト家の一族は全部フランスから出て行かなくてはなりませんでした。そのため、幼いルイ・ナポレオンも母親とともに、スイスをはじめヨーロッパ各地を転々とします。そしてときを見ては反乱を起こし、軍からボナパルト家再興の動きを起こそうとしますが、二度失敗し、アメリカへ行ったり、イギリスへ行ったり、とくに二度目の反乱の後は、アンの牢獄に六年間つながれてしまったりしました。悲運の連続で、とてもボナパルト家を再興できるというような状況ではありませんでした。

しかし、逆境のなかでも彼は信念を曲げませんでした。「断固として伯父の跡を継ぐ」、この強い意志、伯父の理想実現のための希望を彼は捨てませんでした。家庭教師からあらゆる学問を学び、ヨーロッパを転々としたこともあって、英語やドイツ語など語学の面ではある程度不自由しない力を持つことができました。そして、学んだことをパンフレットや本にして発刊し、「ボナパルト一族はいまだに健在である！」「ボナパルト家はなくなってはいない！」とフランスにアピールし続けました。

そうしたなかから二度の反乱は失敗しましたが、やがて彼の強い意志のせいか、幸運がめぐってきました。七月王制という体制が倒れた後、フランスは共和制になり、その共和制はフランス革命の理念をもとに普通選挙制をしいたり、あるいは人民主権ということを表に出したりしたために、ルイ・ナポレオンはその流れに乗って国民議会議員になり、さらには共和国大統領選挙に立候補して、なんと大方の予想を裏切り、大統領に当選してしまうのです。実に奇跡といっても過言ではない、これが彼の前半生でした。

ではなぜ、追放の身であり、流浪の身であったなかから、ルイ・ナポレオンがフランス大統領に当選するという奇跡が起こったのでしょうか、このことについて少し触れておきたいと思います。

ナポレオンが倒れた後、フランスでは王制が復活しました。最初は「復古王制」といいました。ブルボン王朝でした。ところがそのブルボン王朝が再び強権を振るったために、「七月革命」で倒れてしまいました。その後オルレアン家のルイ・フィリップが国王となります。「七月王制」といいます。この王朝は、なんとしても王制を強固なものにしたい、しっかりと固めたいという希望を持っておりました。

ところがフランスの、とくに農民の間ではナポレオンを恋い慕《した》うという思いが大変強く残っていました。また、ナポレオンもセント・ヘレナ島に流された後、六年間いわゆる「島流し」の生活を送るわけですが、その間、何もしなかったわけではありません。いわゆる『セント・ヘレナ日記』というような口述筆記を発表し、それをフランスやヨーロッパ各地に発信していくのです。自分は何をやりたかったのか、自分はどういうことをしたのか、そういう理想や業績をどんどん訴えていきました。自分の行動を正当化し、美化し、ボナパルト家の永続性を図ったのです。それがやがて、彼の思惑通り、「ナポレオン伝説」という形になってヨーロッパ中に流布していきました。

しかも幸運なことに、ナポレオンがセント・ヘレナ島に流された後に、復活した王制の評判がよくなく、「ナポレオンの時代の方がよかったのではないか」「ナポレオン恋しや」という声がわき起こってきます。とくにこれは文学界に強く、ヴィクトル・ユゴーとかスタンダールなど、そういう有名な文豪がナポレオンを恋い慕うような作品を多く書きました。

したがって、形の上では王制になりましたが、農民をはじめ多くの庶民の間では「ナポレオンの時代恋しや」という、「ナポレオン伝説」という風潮が非常に強く蔓延《まんえん》していたのです。こういう風潮のなかで「七月王制」が誕生します。

七月王制の国王ルイ・フィリップは、なんとしても自分の王朝を強めるために、そうしたナポレオンを恋い慕う、「ナポレオン伝説」を利用することを思いつきます。ナポレオンを利用することによって王制の強化を図ろうとするのです。七月王制はナポレオンのことをここまで大事にしている、ナポレオンの業績をここまで宣揚していると、このような態度をとることによって七月王制という体制に人びとの支持をとりつけるのです。

その一つとしてナポレオンが手がけ、彼が生きている間に完成を見なかった、現在パリにある凱旋門《がいせんもん》を完成させます。また、ナポレオンはセント・ヘレナ島で亡くなり、その遺

凱旋門

体はセント・ヘレナ島に埋められるのですが、七月王制はイギリス政府と交渉してナポレオンの遺体をパリに帰還させることに成功します。そのときには盛大な式典をやって、アンバリッド（廃兵院）という兵隊が祀《まつ》られるところがあるのですが、そこにナポレオンの遺体を安置するのです。

このように七月王制はナポレオン熱を相当あおりますが、これがルイ・ナポレオンの台頭に大変に有利に働きました。

人びと、とくに庶民・農民の間に「ナポレオン！」「ナポレオン！」という声がずっと底流で存在し、ことあらば、ナポレオンの時代の再現をという空気が漂っていました。ルイ・ナポレオンはこうした時代の底流をずっと観察していたのです。そしてときを見て、「ここにボナパルト家を再興する者がいるぞ！」「自分こそそのボナパルト家の跡を継ぐ者である！」ということを盛んにアピールしたのです。

七月王制が倒れて第二共和制になったとき、大統領選挙が行われました。そのとき、一番有力だといわれていたのはカヴェニャックという将軍でした。しかし、彼は「六月暴動」という事件が起こったとき、労働者を激しく弾圧しました。たしかに強権発動によって社会秩序は保たれたのですが、彼には庶民を弾圧した、労働者を弾圧したという評判が起こり、結局あまり人気が出ませんでした。

そのため、大統領候補として最有力だとされたカヴェニャック将軍は大統領になれず、逆に長い間フランスにおらず、ヨーロッパ・イギリスなどを転々としていてフランス国民の前に姿を現さなかったルイ・ナポレオンが、最終的にボナパルトの一族というその名前、またナポレオンに対する郷愁、そういうものを一身に集めて、大方の予想を覆《くつがえ》して大統領に当選してしまいます。

三十三年間の亡命生活を考えますと、まさかあのルイ・ナポレオンが大統領に選ばれるとは誰も思いもしませんでした。しかし、ルイ・ナポレオンにしてみれば、自分は必ずボナパルト家を再興してみせるぞという強い信念を持っていた。結局、その彼の信念が時代のあらゆる風潮を彼に有利に引き寄せて、見事、彼を大統領にしてしまうのです。

ところが、大統領になったのはよかったのですが、一方、議会の選挙では相変わらず王党派が強かった。いまだに七月王制を復活させようとか、ブルボン王朝の復興を図ろうなどという王党派の声が非常に強かったのです。そのために、ルイ・ナポレオンは大統領になったとはいえ、なにかと王党派議会に制約されて思うような政治ができませんでした。

ルイ・ナポレオンにしてみれば、王党派議会は自分たちの利益しか考えていない。国民的な利益という発想はない。フランスの栄光というような誇りは皆無である。このような議会ではダメだ。このような議会を重視する第二共和国憲法は変えなくてはならない。ということで、ルイ・ナポレオンは大統領になってから三年後、一八五一年に突然クーデターを起こします。

「クーデター」というのは、権力の上層部にいる人間がさらに権力を握るために行う武力行動のことをいいますが、ルイ・ナポレオンは大統領でありながらクーデターを起こします。議会を閉鎖し、憲法を停止し、新たな憲法をつくって自分の権力を強化します。彼はクーデター後、新たな憲法をつくり議会の力を小さく抑えてしまいます。さらに彼は、「ナポレオンⅢ世」と名乗って皇帝に即位します。そして第二帝政を開くのです。

これはナポレオンのときと似ています。フランス革命の後に社会や政治が非常に混乱しますが、議会は安定させることができません。共和派や王党派やさまざまな党派が入り乱れていて、結局、政治・社会は秩序を維持することができないのです。しかも、対外的にはあらゆるヨーロッパ諸国からの干渉がなされます。そうしたなかからナポレオンが立ち上がってクーデターを起こし、自分が政治を行い、新たなフランスの体制をつくります。この第一帝政の誕生と第二帝政の誕生の様子はよく似ております。

　ナポレオンⅢ世の場合も、王党派議会は普通選挙制度を廃止したり、フランスの国民的利益を考えていなかったり、内部分裂ばかりしていました。これではフランスはダメになってしまうということで、ルイ・ナポレオンはクーデターを起こし、権力を一手に握り、皇帝になります。このパターンは、伯父ナポレオンのやり方と瓜《うり》二つでした。

　かくしてルイ・ナポレオンは、フランスの皇帝ナポレオンⅢ世となりますが、そのとき彼は四十三歳でした。

　ルイ・ナポレオンが一つ心がけていたことは、ナポレオンⅠ世が語った言葉でした。それは、「私の息子は、私の死の復讐《ふくしゅう》をしようと思ってはならない。私の死を利用すべきである」★1 ということでした。これは非常に大事なことでした。ルイ・ナポレオンの心に響いて常に残っておりました。「私の死を利用しなさい！」、このことをルイ・ナポレオンは巧《たく》みに実行したのです。

第4章　ナポレオンⅢ世とナポレオン

ではここで、ナポレオンとルイ・ナポレオンを少し比較してみたいと思います。人間的にどのような違いがあるのか。実は、ルイ・ナポレオンはナポレオンとはまったく違う対照的な人でした。

第一に、ルイ・ナポレオンはあまりしゃべらない、寡黙《かもく》な人でした。話も下手、演説もあまりうまくありません。また彼には、いわゆる「カリスマ性」というか、人を惹きつけるなんともいえない人間的魅力が、あまりありませんでした。

ナポレオンには、素晴らしい人間的な魅力があり、それは、発言や言葉遣いのなかに満ちあふれていました。エジプトに遠征したときに、「兵士らよ！　四千年の歴史が諸君を見ているぞ！」とか、また、サン・ベルナール峠を越える際に「余の辞書に不可能という文字はない！」など、カリスマ性のある、人間的な魅力に富んだ言葉を残しています。何よりも、軍事的に素晴らしい才能を発揮しました。もちろん、戦いに敗れたときもありましたけれども、多くの戦闘において彼は輝かしい戦歴を残していったのです。

ところが、ナポレオンⅢ世にはそのようなものはありませんでした。輝かしい軍事的な戦歴などまったくありません。彼は戦ったことはありません。気の利いた、人の心を打つセリフなども少ない。何よりも、見栄えが悪いのです。ナポレオンと違って、痩《や》せていて、ちょび髭《ひげ》を生やして、およそカリスマ性を感じさせないキャラクターでした。

ただ、そのような彼がなぜ大統領になれたのか。そして皇帝にまでなったのか。また、なぜ政治を行うことができたのか。実は、ルイ・ナポレオンには優れた点もありました。それは、自らがなんでも先頭に立って行う。君主たるもの単に統治するだけでなく、自ら船長となって国家経営を行うべきである、ということを信条としていました。彼は行政の、あるいは政治の隅々に至るまで非常に細かなことまでよく知っておりました。

彼はナポレオンと違って、体系的な本をたくさん出版しました。『ナポレオンの観念』『ニカラグア運河』『貧困の撲滅』など、たくさんの本を次から次へと書いたのです。いわば「思想の人」「理念の人」といえます。

ところがそのような「思想の人」「理念の人」というのは一般的に細かなことが苦手な場合が多い。不得手なのです。しかしナポレオンⅢ世は「思想の人」「理念の人」「哲学の人」でありながら、行政能力も優れていました。政治能力に長《た》けていたのです。平凡で地味ですが、実行力を持っていました。

ナポレオンⅢ世が署名するとき何と書いたかというと、「ナポレオン、神の恩寵《おんちょう》と国民的意志による、フランス国民の皇帝」★13、このように仰々《ぎょうぎょう》しく署名したのです。そして、とくにフランス革命の打ち立てた「国民主権」「自由」の理念、これらをナポレオンと同様にしっかりと受け継ぐと同時に、ナポレオンの統治の仕方もしっかりと継承しました。

ナポレオンは革命の結果生じた政治的、社会的混乱を見事に収拾しました。その後のフランスの発展はナポレオンの力によるものであるといっても過言ではありません。しかも、ナポレオンは「人民投票」という選挙方法を活用し、それに基づいて強力なリーダーシップを発揮しました。それによって、この考えをもとに、あらゆる政治的諸党派の対立を抑えていきました。このようなナポレオンのやり方を、ナポレオンⅢ世もできうる限り採り入れたのです。

先ほど述べましたように、「私の死んだ後、私の復讐をしようと思ってはならない。むしろ、私の死を利用しなさい」というナポレオンの遺言をしっかりと守るのです。

ここで、ナポレオンⅢ世がナポレオンから受け継いだものをまとめてみたいと思います。

一番目に「政治権力の正当性、これは人民、国民から来る」という考えであります。いわゆる「権力」というものは国民や人民から信任を得たものでなければならない。この思想をナポレオンⅢ世はナポレオンからしっかりと受け継ぎます。権力を掌握《しょうあく》する際は必ず人民、国民の承認を得なさい、ということです。

ナポレオンはクーデターを行い、憲法改正をした後、それを認めてもらうために人民投票にかけます。「国民は、自分のこのクーデターと憲法改正を承認してくれるか」、人民投票にかけて賛成を得ます。また、ナポレオンは皇帝になるときも人民投票にかけます。「自分が皇帝になることをフランス国民は承認してくれるか」、これを国民に諮《はか》ります。このナポレオンのやり方をナポレオンⅢ世は受け継ぐのです。

ナポレオンⅢ世はクーデターを行いました。その後すぐに人民投票に諮ります。「フランス国民は自分のクーデターを承認してくれるか」、なんと、五百五十万票もの賛成票がナポレオンⅢ世に投じられました。憲法改正もしました。「憲法改正をフランス国民は認めてくれるか」、人民投票にかけました。これも五百万票を超える圧倒的多数で承認されました。さらに「皇帝ナポレオンⅢ世と名乗ることをフランス国民は認めるか否《いな》か」、これも人民投票に問います。フランス国民は賛成します。「皇帝ナポレオンⅢ世、万歳！」という形で認めるのです。

このように、権力の正当性の根拠は国民、人民にあるというのが、いわゆるボナパルティズムというナポレオンの統治の根幹をなしているのです。

二番目に、人民から承認を得た権力は強くなければならない、権力は強くなければ政治は行えない。「権力の強大性」「政治権力の強さ」、これをナポレオンⅢ世は強調します。

三番目に、その強大な権力は「何のために」使われなければならないか。それは「人民の繁栄のため」である。「人民のために権力は行使されなければならない」。したがって「人民の生活、人民の経済的繁栄、こういうもののために政治権力は使われるべきである」★3これが三番目です。ナポレオンの考えを受け継いだものです。

四番目に、政治権力は「フランスを発展させるものでなければならない」「対外的にフランスの強化を図る必要がある」「フランスの栄光を勝ち得るものこそ政治権力である」、こういう理想をナポレオンⅢ世はナポレオンから学んだのです。

そしてナポレオンⅢ世は、ナポレオンと同じように最初は大統領（ナポレオンⅠ世は第一執政、第一統領でしたが）に、それから皇帝になりました。ナポレオンと同様、「自分はフランス革命の落とし子である」「革命の『自由』『平等』『友愛』『人権』という原理を受け継ぐ者である」ということをはっきりと宣言し、この考えを後戻りさせることはないと主張したのです。

それでは、ナポレオンとナポレオンⅢ世の違いはどこにあったのでしょうか。

一番目に、ナポレオンのやり方はややもすると強引なことが多かった。軍事力に訴えるということが目立ちます。これに対してナポレオンⅢ世にはあまりありませんでした。ナポレオンⅢ世はあからさまに軍事力に訴えるということはなかった。先ほどもいいましたとおり、ナポレオンⅢ世には軍事的能力がなかったからであります。また、ナポレオンの遺言を受け継いで、これからは戦争に訴えるということはなるべく避《さ》けねばならないという教えを守っていたともいえます。

二番目に、ナポレオンはイギリスを敵に回してしまったことです。イギリスを敵にし、イギリスを追い抜こうとしました。その結果、イギリスに敗れてしまいました。ナポレオンはその教訓から自分の子どもはイギリスと戦ってはいけない、あくまでも対英協調、イギリスと仲良くしていかなければいけないということを言い残したのです。

三番目に、ナポレオンは弁舌さわやかで、カリスマ的な魅力に富んでいた。人間的魅力がありました。それに対してナポレオンⅢ世の方は軍事的な能力はなく、寡黙《かもく》で、カリスマ的魅力に乏しかった。その代わり、彼は書くことは得意で、本やパンフレットなどを残していきました。

最後に、行政能力という点においては、ナポレオンⅢ世はナポレオンよりも優れているところがあったということを指摘しておきたいと思います。

第5章　ナポレオンⅢ世の業績

1　ナポレオンⅢ世の社会的業績

ナポレオンⅢ世が一番目にやったのは「普通選挙制」の実施です。フランス革命以後、自由主義・民主主義・共和主義という流れが一方にはあり、もう一方では相変わらずの伝統主義、王制を守ろうとする強い考えが残っていました。革新的な共和主義の流れと伝統的な王党主義の流れと、二つの大きな政治的潮流がフランスで拮抗《きっこう》しておりました。

こうしたなかで、ナポレオンⅢ世は、これからは原理としての共和制は否定できない、という確信を持っておりました。だが共和制はややもすると政治的分裂を招きかねない、国内の対立をもたらしてしまう。そのために、それを避けるためには政治権力は強くあらねばならない、同時にそれは常に人民から承認を受ける必要がある、と思っていました。そこから「帝政」という政治体制を再興しました。

　では、この帝政でもって何をするか、ナポレオンⅢ世が目指したものは、まさにナポレオンが打ち出したように、一つは「政治的な安定の確保」です。なんとしても政治的な安定を確保する必要がある。それには「人民主権」「自由」「平等」という原理を尊重すると同時に、「強大な権威ないしは権力がなければならない。そうでないと、自由・平等がかえって混乱を招く元凶になってしまう」。こういう考えのもと、権力と自由の調和を図るため、「普通選挙制」を重視したのです。

　二番目に、「経済的な繁栄」を図ることです。「人民主権」という原理は誰のためにあるか、それは人民のために行使されなければならない、人民のために行使されるとは、人民に経済的な繁栄をもたらすことである。こうした考えのもと、ナポレオンⅢ世は経済的繁栄、社会の発展のため全力を注ぎます。

　三番目に、外交上の平和をもたらすことです。ナポレオンⅢ世は、「帝政、それは平和である[★16]」と叫びました。「帝政」と聞くと、あのナポレオンのイメージを思い出し、また戦争に次ぐ戦争なのかと人びとは思うかもしれない。しかし、そうではない。「帝政」とは「平和」を意味する、とナポレオンⅢ世は強調し、とくにイギリスと衝突することを避けながら、武力によらないフランスの栄光を目指しました。以上三つの柱がナポレオンⅢ世の主な業績です。

では、次に、ナポレオンⅢ世がどういう社会的事業を行ったのかという点を少し詳細に見ていくことにします。

第一に、工業生産に非常に力を入れました。フランスの工業はナポレオンによってその土台が作られました。その後、王制に戻りましたが、しかし経済的な発展はナポレオンのおかげで続いておりました。その継続してきた経済発展をナポレオンⅢ世はさらに押し上げ、工業生産に非常に力を入れます。ナポレオンⅢ世の第二帝政の時代、年平均二〜三パーセントの経済成長が見られたといわれております。

二番目に、労働者の生活条件の改善です。

ナポレオンⅢ世は、空想的社会主義者といわれたサン・シモンの考え方を強く信奉しておりました。「空想的な社会主義」といわれようと、「社会主義」という言葉が物語るように、貧しい人びと、労働者、農民などの生活改善に力を入れます。具体的には、オルレアン家という七月王制の王家の財産をナポレオンⅢ世は没収します。没収して得たお金で労働者の共同住宅を造りました。当時、パリはどんどん人口が増えていました。それに伴い労働者の生活条件は悪化していきました。そうしたなかで、ナポレオンⅢ世は労働者のための共同住宅を造り、生活条件の改善に努めるのです。そしてもう一方では、産業の発展、興隆に力を入れ、社会全体の経済の底上げに力を入れたのです。

三番目に鉄道事業の強化です。

一八五〇年、ナポレオンⅢ世がまだ第二共和国大統領であったとき、フランスの全鉄道は三千八十三キロメートルしかありませんでした。それを六年間で六千二百八十一キロメートルにまで倍増させます。ナポレオンⅢ世によって、フランスの鉄道産業は飛躍的に伸びたといえます。

四番目に、さまざまな技術革新に取り組んでいったことが挙げられます。ナポレオンも、いわゆる「起業」、新しい産業をどんどん起こしました。イギリスに勝つためには経済力を強化しなければいけない。経済力を強くするためには、農業はもちろん基盤だが、新しい産業を興すことが必要である――ナポレオンは発明に力を入れましたが、ナポレオンⅢ世はその考えを受け継ぎ、技術の開発に全力を傾注したのです。

五番目に、パリの街の大改造を行いました。

ナポレオンも「パリを世界一の都市にする」という目標で広場を造ったり、通りを拡張したりと、いろいろ試みましたが、残念ながら計画がすべて完成したとはいえないところで終わってしまいました。そこでナポレオンⅢ世は、ナポレオンの遺志を継ぎ、パリの大改造に力を入れたのです。とくに、道路の整備を図りました。

例えば、信じられないかもしれませんが、当時のパリの人口は大体八十万人、日本の江戸は百万人といわれておりますが、都市の綺麗《きれい》さと清潔さでは比較にならないほど江戸が優《すぐ》れていたと評価されております。

ヨーロッパやパリの街などは当時も五、六階建ての建物がたくさんあって、人びとはそれらのアパートに住んでおりました。しかし上の階にはトイレがない。それで、夜、便器に用を足し、明け方、「水に注意!」と言って窓から糞尿《ふんにょう》を道路に撒《ま》くのです。「水に注意!」と言ってバァとばら撒く。だから、パリの街なんて臭いの臭くないの、相当ひどかったと思います。また、その臭さはともかく、恐ろしい病気のもとにもなっておりました。

その点、日本は清潔でした。当時の江戸は多くの人口がいて、糞尿は肥料にして使っていましたが、人間の糞尿を道路にばら撒くなんてことは絶対にしません。都会だけでなく、田舎でもしません。まして国の中心都市で人間の糞尿を一般の道路にばら撒くなんて、当時の日本では考えられなかった。ところが、かつてのパリは、それが当たり前だったのです。

ベルサイユ宮殿という宮殿はなぜできたかというと、パリの街があまりにも臭いので、国王がパリから大体三十キロメートルくらい離れたところのベルサイユという街に新たな宮殿を造ったのです。これがあのベルサイユ宮殿なのです。ですからあの宮殿は、国王が憩《いこ》いの場として造ったこともありますが、むしろ一番の動機はパリの臭さ、不潔さから逃れるためでした。それがあのベルサイユ宮殿なのです。その点、日本人は昔から衛生観念が発達していたといえましょう。

ナポレオンⅢ世はこうした問題も含めて、「これではいけない」「パリがこんなに汚い街ではいけない」と考えたわけです。彼はナポレオンと違って、七歳のときからスイス、ア

ベルサイユ宮殿

メリカ、ロンドンなど各地を転々としておりました。したがってナポレオンⅢ世は四十歳になるまでの三十三年間、落ち着いてパリの街に住んだことがありません。そのためナポレオンⅢ世が見てきたのは、発展しゆくアメリカのニューヨークとか、いち早く街を綺麗《きれい》にしたロンドンなどでした。それらは、都市計画が進んでおりました。これを見たナポレオンⅢ世は大統領になったとき、一番痛切に感じたことは、「伯父の手掛けたパリの改造をなんとしてもやらなければいけない」「パリをこんな汚い街のままにしておくわけにはいかない」ということでした。そこで、パリの街の大改造に取り組んだのです。

その大改造のために、優れた行政手腕を買われたのがオスマン男爵という人でした。ナポレオンⅢ世は、彼をパリのあるセーヌ県の知事に任命します。オスマン男爵は父親がナポレオンの軍隊の将軍でした。したがって、オスマン男爵はボナパルト家に対して忠誠を尽くす姿勢が身についておりました。「私は生まれも信念の面でも、帝政主義者である」★13「ナポレオン主義者である」——こう言って尽力するのです。そしてナポレオンⅢ世と相談しながらパリの大改造を推進していくのです。

ここで一つ触れておきたい点があります。それは、人間というのは誰しも生まれ育ったところには愛着があります。いくら人間の糞尿を垂《た》れ流すといっても、自分の生まれ育った街であれば愛着心というのが当然あるわけです。このことを考えると、パリの大改造がなぜできたかというと、オスマン男爵はパリの育ちではありませんでした。ナポレオンⅢ世もパリの育ちではありません。パリをほとんど知りませんでした。したがって、自分の故郷に対する愛着や未練は一切なかったのです。そのため改革が成功したのです。

これがなまじっか「古きよきパリ」など、そういうところに郷愁《きょうしゅう》や愛着を持っていると、改革は思い切って進みません。「いや〜、この路地は残しておこう」とか「この街は残しておこう」というように未練を持ってしまうものです。しかし、オスマン男爵もナポレオンⅢ世もパリの街には古いしがらみも愛着もありません。「それっ!」ということで、小さな道を壊して大きな道を造ったり、大広場を設けたり、公園を造ったりして、自分が設計した通りに容赦《ようしゃ》なく大改造をしてしまったのです。

皆さん方も、「オー・シャンゼリゼ」という歌を聞いたことがあると思いますが、私たちはつい日本の銀座通りとか商店街などを想像して平均的な中規模の通りのように想像してしまいますが、実際のシャンゼリゼ通りは凱旋門からずうっと延びている幅七十メートルもの広い通りなのです。そういう大きな通りを造ったり、広い公園を設けたりと、今日のパリの美しさはナポレオンⅢ世によって整備されたものです。こういっても過言ではありません。

この結果、ある一つの効果が生じました。というのは、第二帝政、ナポレオンⅢ世の時代になると、パリの暴動や革命というのはすっかり鳴りを潜《ひそ》めてしまうのです。一八四八年の「二月革命」までは、やれ「フランス革命だ」「七月革命だ」だと、「パリ」というと「革命」だったのです。そして革命というと、人びとが家具とかいろんな物を道路に放り出してバリケードを造るのです。政府軍の動きを抑えてしまう。そして、一般の民衆が騒ぐ、暴動を起こす。というのがそれまでの革命の図式でした。

しかし、ナポレオンⅢ世の第二帝政以降、パリではそうした大きな革命がなくなってしまった。それは、ナポレオンⅢ世が通りを非常に大きくしてしまったからなのです。人びとが、「さあ、革命だ」というので家具とか何かを道路に出しても、道路があまりにも広くなってしまったので、道路を封鎖《ふうさ》することができません。政府軍は移動にまったく困らないのです。このようにナポレオンⅢ世のパリ改造は思わぬ副産物を生んだのです。

六番目に、「技術革新」「産業発展」と関連して「万国博覧会」の開催が挙げられます。ナポレオンⅢ世は在任中、大きな万国博覧会を二回開きました。全ヨーロッパ、否《いな》、世界から、さまざまな名産、名品、技術の粋《すい》を凝《こ》らした物品を集めての博覧会。一八五五年に、第二回万国博覧会をパリで開催し、一八六七年の第四回万国博覧会もパリで行うというように、フランスで博覧会を開き、国威の発揚《はつよう》に努めたのです。「花の都パリ」というイメージが定着しました。

ともあれ、総じてナポレオンⅢ世は、国内政策においては「社会政策」に非常に力を入れました。国内的な経済発展、社会事業の充実、ここに第二帝政の大きな特徴があります。

2　ナポレオンⅢ世の政治・外交上の業績

次にナポレオンⅢ世の政治・外交的業績を見ることにします。

まず、政治的には、「普通選挙制」の導入にこだわったことが挙げられます。選挙を重視したのです。それは、フランス革命の原理を受け継ぎ、「主権は人民にある」「人民の主権の行使とは普通選挙である」「選挙権をすべての人に与えることである」という考えになります。ただ、一点お断りしておきたいことは、「普通選挙」といっても、この時代には、女性には選挙権はありませんでした。あくまでも男性、十八歳以上の男子のみに選挙権を与えるという形でした。

現代ですと「選挙権の行使、そんなことは当たり前じゃないか」と思うかもしれませんが、十九世紀の中ごろ、人びとには選挙の意味がよくわかっていなかったのではないでしょうか。投票権を持つことの意味は十分理解されていなかったといっても過言ではないと思います。したがって、一部の人のなかには、学問も教養もない、政治も理解できない、社会の仕組みもわからない、そういう人に選挙権を与えてよいのだろうか、という疑問がありました。「選挙というのはあくまでも教養と財産のある人のみに限るべきだ」という考え方が強かったともいえましょう。そういうなかにあってナポレオンⅢ世は、皇帝ナポレオンの跡を継いで、「これからはすべての人は自由であり平等である」、そういう考えから、「すべての人に選挙権を与えるべきである」という信念を持っていました。

ただし、ナポレオンⅢ世は普通選挙制は強調しましたが、議会はあまり重んじませんでした。といいますのは、議会の議員というのは選挙区から選ばれます。そのため、自分の選挙区の利益を重視する傾向があります。国家全体の利益よりも地方利益の代弁者になりがちです。また、自分の階級や階層の利益を擁護しがちになります。まして、ナポレオンⅢ世にしてみれば、自分の政策や方針に保守的な議会は何かと反対する存在にしか映りません。結局、ナポレオンⅢ世にしてみると国民的利益を考えるという視点が欠落してしまっているということになるのです。

議会というところは議論ばかりしていて、自分たちの地域や階層の利益ばかり主張し国全体のことを考えていない。否《いな》、それどころか、議会は国民的な分裂を招く「中心」になっていると見なします。そこで彼は、議会の意見は一応は聞くが、しかし議会はあくまでも皇帝の諮問機関、皇帝の付属物であると見なします。

それでは、なぜナポレオンⅢ世は普通選挙制を支持したのでしょうか。一つは伯父ナポレオンの跡を継いだからであり、もう一つにはナポレオンⅢ世が亡命中のイギリスから国民議会の議員に立候補して当選できた。これは普通選挙制のおかげです。また第二共和制憲法の下でフランス大統領選挙に当選できたこと、これも普通選挙制の賜物《たまもの》です。普通選挙制がなければ、自分が大統領となり皇帝となることはとうてい不可能であったでしょう。

したがって、ナポレオンⅢ世にとって普通選挙制を認めるということは当然のことであったのです。ともあれ、こういう理由でナポレオンⅢ世は普通選挙制を重視し、その結果、フランスではその制度が定着したのです。これはナポレオンⅢ世の残した大きな功績であったといえましょう。

次にナポレオンⅢ世の外交です。

外交面では、ナポレオンⅢ世はどういう理想を掲げていたのでしょうか。まずは、伯父ナポレオンが残した東西両文明を融合させるという夢、またフランスの栄光を輝かせることと、こうした教えを忠実に守ったのです。

そして、ナポレオンⅢ世は、ナポレオンほど直接戦争はしませんでした。もちろん武力の行使をせざるを得ないことはありましたが、それもナポレオンほどではありません。ナポレオンⅢ世の外交で目立つのは、次の三つの海外的な進出です。

一番目に、「クリミア戦争」です。「クリミア戦争」というのは、トルコとロシアの戦争です。ロシアは北の寒い地域にあります。冬は港が凍って船の出入ができません。そこでなんとか南の暖かい地域に港を求めて進出したいということで、トルコに干渉します。そのロシアのトルコ進出に対してヨーロッパの国々、とくにイギリスと、イギリスと仲良くしようとするフランスは断固反対します。その結果、トルコ・イギリス・フランスとロシアは対決することになりました。これが「クリミア戦争」で、一八五三〜五六年、クリミア半島を舞台に戦いが行われました。

ナポレオンⅢ世にとっては、伯父のナポレオンがつまずいた最大の原因であるロシア遠征の失敗を考えると、ロシアはある意味で憎き敵であります。ところがナポレオンⅢ世は、このロシアとのクリミア戦争において一応勝利は得ましたが、しかし、徹底的にロシアを痛めつけることはしませんでした。それは、ナポレオンⅢ世にとっては、将来プロイセンが、大きな力を持ってくるかもしれないという予想から、そのプロイセンの力を牽制《けんせい》するのはロシアであるため、ロシアを痛めつけてしまうとかえってプロイセンを強大化させてしまう恐れがある。ここは、むしろ、ロシアとある程度手を結んでおいた方がよさそうだということで、ロシアを徹底的に痛めつけることはしなかったのです。

いずれにしても、ナポレオンⅢ世はクリミア戦争でイギリスと協力してロシアを打ち破ったということで、イギリスとの協調という点で成功を収めます。

二番目に、極東への進出です。これはナポレオンⅢ世というよりも、むしろ第二帝政下のフランス海軍が積極的に行なったものです。

インドはすでにイギリス領有下に入っておりましたので、フランスはインドを避けてむしろインドシナ、中国へ向かいます。一八五六年、イギリスと中国が「アロー戦争」という戦争を行います。この戦争に対して、フランスは「宣教師が殺された」との理由でイギリスに加担し、中国を打ち破る。そして、中国進出への一つの手がかりを得るのです。

それから二年後、一八五八年に、フランス第二帝政は日本との間で「日仏修好通商条約」を結ぶことに成功いたします。徳川幕府は一八五三年のペリーの黒船来航をきっかけとして「日米和親条約」を一八五四年に結んでおりますが、一八五八年に「日仏修好通商条約」を結ぶことにより、フランス第二帝政は中国、さらに日本に足がかりをつかむことになります。

フランスはさらにインドシナ、すなわち今日のベトナム、カンボジアといった地域にヨーロッパの他の国が進出していないということで、そこに一大拠点をつくるのです。

このようにしてフランスは第二帝政の時代に、さして大きな戦争をすることもなく、インドシナ半島、中国、そして日本に触手《しょくしゅ》を伸ばすことに成功を収めていきます。これが第二帝政の極東侵出です。

三番目に、メキシコへの進出です。むしろ侵略といっていいのかもしれませんが、この問題にかかわっていきます。

この点について少し述べておきたいのは、アメリカにルイジアナ州という州がありますが、そこはフランスのルイ王朝の時代にフランスがアメリカから買ったものです。ナポレオンは、アメリカの心臓部ともいえる位置にあるルイジアナ州を中心にフランス人の植民地帝国をつくろうと計画しました。

ところがナポレオンはイギリスと競争していたために、イギリスに勝つためにはアメリカを味方にしておくだけでなく、アメリカを強大化することが必要だと考えるようになりました。アメリカを強くさせることによって、イギリスを牽制《けんせい》しようというのです。そこで、なんと、一八〇三年、ナポレオンが皇帝になる前の年にルイジアナ州をアメリカに売ってしまったのです。

アメリカはその結果、西部開拓を進め、大きな経済発展を遂げることに成功したのです。

アメリカが強大化することにより、アメリカは共和制の国ですから、共和主義の思想をヨーロッパに教えることになります。共和主義の思想は、ヨーロッパの王国にとっては大変な脅威になったのです。

歴史というのは「ｉｆ」「もし…であるならば」ということを考えて置き換えてみると面白いものです。もしナポレオンがルイジアナ州をアメリカに売らなければ、アメリカの広大な国土の中心にフランスの領土があるわけですから、その後のアメリカはどうなっていたか、興味のあるところです。ともあれナポレオンがイギリスを牽制するためにルイジアナ州をアメリカに売ってしまったのですが、その結果、アメリカは強大になって、かえってヨーロッパを脅かす存在になりました。それどころか、フランスさえ脅かすようになってしまったわけですから、これは大変に皮肉なことであり、ナポレオンにとっては誤算でした。

さて、ナポレオンⅢ世の話に戻りますが、彼は東洋と西洋をつなぐというナポレオンの夢、また自分が信奉するサン・シモンの富の生産を重視する産業主義の考え方、これをなんとしても実現しようとします。

その一番目の手順として、大きな運河を造って地中海と紅海を結びつけようとします。これはナポレオンが描いたスエズ運河の構想で、レセップスが一八六九年に開通させますが、このスエズ運河の実現をナポレオンⅢ世は後押しします。

さらに、アメリカ大陸の大西洋と太平洋を結ぶ運河、これを「ニカラグア運河」といいますが、この運河を造って二つの大洋を結ぼうという計画を立てます。

強大化するアメリカ合衆国に対抗するため、ナポレオンⅢ世はラテン・アメリカに新たな植民地大国をつくろうとします。そこで目をつけたのがメキシコだったのです。「メキシコにフランスの影響力のある帝国をつくる」との考えをナポレオンⅢ世は持ちます。メキシコには膨大な資源があり、経済発展の可能性があり、文明の発展にとって有益な土地があるとナポレオンⅢ世は考えます。

とくに自分の母・オルタンス、ナポレオンの最初の妻であるジョゼフィーヌの連れ子であるオルタンスは、アメリカに近いカリブ海で三年間過ごしている。アメリカ的な影響を受けている。また、ナポレオンⅢ世は親戚のミュラからロンドンでアメリカの話を聞きました。アメリカは将来の無限の可能性を秘めた地であるという発想を得ます。また、一八四〇年、ブーローニュの反乱で失敗した後、アンの牢獄に六年間つながれますが、牢獄の中でナポレオンⅢ世はさまざまなことを考えます。「中央アメリカを横断する運河を造ろう」「中央アメリカにフランスの影響力のある大きな帝国をつくろう」――こういう後のメキシコ進出の計画を練ったのです。

当時、アメリカは宗教的にはプロテスタントが圧倒的でした。またアメリカ人の主流はイギリスと同じくアングロ・サクソン人でした。「アングロ・サクソン人によるプロテスタントの国」、これが北アメリカでした。ならば、中央アメリカ、南アメリカ、ここには「ラテン民族によるカトリックの国をつくろう」と、ナポレオンⅢ世は考えたのです。メキシコを手中に収め、そこを起点としてカトリックを中心とするラテン・アメリカ文明圏をつくろうと、ナポレオンⅢ世は壮大な夢を描くのでした。

伯父・ナポレオンは、ヨーロッパとアジアを結ぶのが夢でした。ナポレオンⅢ世は、自分はすでにアジア、インドシナ半島・中国・日本にまで手を伸ばしている。それ以上に、今度は中央アメリカにフランスの影響力のある一大帝国をつくる。まさにカトリックのラテン文明国をつくろうという構想をナポレオンⅢ世は描いたのです。

しかし、この構想は、結局、肝心のメキシコ人が賛成しませんでした。ナポレオンⅢ世の構想は夢で終わってしまいました。否《いな》、それ以上に、この計画はナポレオンⅢ世にとって大きなつまずきになりました。

皮肉なことに、ナポレオンはロシア遠征を企《くわだ》てて失敗し、それがヨーロッパ諸国に敗れる一つの原因となりました。最後はイギリスに敗れます。

ナポレオンⅢ世のつまずきは、このメキシコ帝国をつくろうという構想でした。このつまずきを引きずったまま最後はプロイセン（ドイツ）との戦いで敗れてしまいます。つまずきになる原因が、ナポレオンはロシア、ナポレオンⅢ世はメキシコでした。そしてナポレオンはイギリスに負け、ナポレオンⅢ世はプロイセンに負けるという悲劇的な運命をたどってしまったのです。

なおここで、一つの興味深いエピソードを紹介しておきましょう。

前述のようなナポレオンⅢ世の果敢な戦略を推進した当時の第二帝政の外務大臣に、アレクサンドル・ヴァレフスキという人物がいました。彼はどういう人物かというと、実はナポレオンの本当の子どもなのです。

ナポレオンが最初の妻・ジョゼフィーヌと結婚したとき、ジョゼフィーヌには二人の連れ子がいましたが、ナポレオンとの間には本当の子どもはおりませんでした。それでナポレオンは自分には子どもを作る能力がないのではないかとあきらめていました。

ところが、彼がポーランドに行ったときに、そこのワレフスカという大変に美しい貴族の夫人と知り合いになります。その夫人と一夜を共にします。その結果、なんとナポレオンに子どもが生まれたのです。そこでナポレオンは、自分にも子どもを作る能力があるということで、ジョゼフィーヌを離婚してしまいます。そしてオーストリア皇女のマリー・ルイーズと結婚します。

ところがそのポーランドのワレフスカ夫人との間に生まれた子ども、アレクサンドル・ヴァレフスキ（一八一〇〜一八六八年）はポーランドで育ち、後にフランスに亡命し、フランスで学び、そしてルイ・ナポレオンが大統領から皇帝になったときに、彼に接近して、一八五五年、なんと彼は第二帝政の外務大臣になるのです。

このアレクサンドル・ヴァレフスキは語学力抜群で、その容貌《ようぼう》と声、これがナポレオンとそっくりでした。ナポレオンの本当の子どもですから、あたりまえかもしれません。したがって、ナポレオンⅢ世を知らない外国人は、このアレクサンドル・ヴァレフスキのことをナポレオンⅢ世だと思って接していたという逸話《いつわ》が残っています。

マリー・ルイーズとの間で生まれたナポレオンの正統な子ども、これはナポレオンⅡ世でしたが、彼は若くして肺炎で亡くなってしまいます。したがって、甥《おい》のナポレオンⅢ世がその跡を継ぐのですが、ナポレオンⅢ世にはナポレオンの本当の血は流れておりません。ところが、ナポレオンの本当の血が流れているワレフスカ夫人との間の子ども、このナポレオンの実子が従兄弟《いとこ》のナポレオンⅢ世の外務大臣となって、その外交政策を担当し、活躍するのです。これは面白い歴史の織《お》り成す綾《あや》とでもいえるかもしれません。

3　ナポレオンⅢ世と日本

最後に、ナポレオンⅢ世と日本の関係について一言述べておきたいと思います。実は、日本の徳川幕府はナポレオンⅢ世と強い絆《きずな》を持っていました。イギリスなどは薩摩・長州を味方にし、天皇家を助ける明治維新側を支持します。これに対してフランスは、徳川幕府が二百六十年間、日本の政治の実権を握ってきたということで、あくまでも徳川幕府の側に立ちます。十五代将軍徳川慶喜にナポレオンⅢ世は軍服や馬などさまざまな贈り物をします。徳川慶喜は、こうしたナポレオンⅢ世からの贈り物を最後まで大事にしていたという話があります。徳川日本とナポレオンⅢ世とは非常に関係が深い。また興味深いつながりを持っていたのです。

ともあれ、ナポレオンⅢ世のフランス第二帝政というのは、一般的にはあまり知られておりませんが、実はその体制は、ナポレオンの遺志を継ぎ、ナポレオンが成し得なかった社会的な繁栄を築き、さらに、インドシナをはじめ中国、日本など極東への進出や、メキシコ遠征などフランスの外交的栄光の道を開き、また普通選挙制によって農民層を政治の舞台に押し上げ、近代フランスの民主的な発展にとって大きな影響を残しました。

したがって、ナポレオンⅢ世は、ナポレオンの遺志を継ぎながらも、ある意味では、ナポレオン以上の成果を挙げ、第二帝政がなければフランスが近代国家の仲間入りをするのが遅れたのではないかといわれるほどの実績を残したのです。

ある人の言葉に、「ナポレオンⅢ世、彼は評価されざる偉大な皇帝である[★13]」というのがあります。「評価されざる偉大な皇帝」、ナポレオンⅢ世がいなければ今日のフランスは果たしてあっただろうか。それほど大きな意義を持っているのが第二帝政であり、ナポレオンⅢ世なのです。その彼は、ある意味では、ナポレオンの夢を追い、それを受け継ぎ、さらにそれらをはるかに大きく拡大した、といっても過言ではないと思います。こうした点から、私はナポレオンⅢ世のことを「夢を追い、それを具現した執念の皇帝である」と言って、話を閉じることにします。

引用文献

1 オクターヴ・オブリ編（大塚幸男訳）『ナポレオン言行録』（岩波文庫、一九八三年）
2 ティエリー・レンツ（福井憲彦監修・遠藤ゆかり訳）『ナポレオンの生涯』（創元社、一九九九年）
3 Owen Connelly, *The French Revolution and Napoleonic Era*, Harcourt College Publishers, 2000.
4 篠塚昭次『民法口話　1　民法総則』（有斐閣、一九九二年）
5 Ben Weider, *Napoléon Liberté — Égalité — Fraternité*, Les Éditions de l'Homme, 1977.
6 池田大作『波瀾万丈のナポレオン』（潮出版社、一九九七年）
7 両角良彦『東方の夢　ボナパルト、エジプトへ征く』（朝日新聞社、一九九二年）。
8 坂井栄八郎『ゲーテとその時代』（朝日新聞社、一九九六年）
9 エッカーマン（山下肇訳）『ゲーテとの対話』（岩波文庫、一九九三年）
10 ロジェ・デュフレス（安達正勝訳）『ナポレオンの生涯』（白水社、二〇〇四年）
11 アンドレ・ユルカー編（小宮正弘訳）『ナポレオン自伝』（朝日新聞社、二〇〇四年）
12 ラス・カーズ編（小宮正弘訳）『セント・ヘレナ日記抄』（潮出版社、一九九九年）
13 鹿島茂『怪帝ナポレオンⅢ世　第二帝政全史』（講談社、二〇〇四年）
14 アラン・ドゥコー（小宮正弘訳）『ナポレオンの母』（時事通信社、一九八八年）

15 足立正勝『ナポレオンを創った女たち』（集英社新書、二〇〇一年）
16 G.P.GOOCH, *The Second Empire*, Longmans, 1960.
17 F.A.Simpson, *The Rise of Louis Napoleon*, Frank Cass & Co.LTD, 1968.

参考文献

桑原武夫『世界の歴史　10　フランス革命とナポレオン』（中公文庫、一九九四年）
河野健二・樋口謹一『世界の歴史　15　フランス革命』（河出書房新社、一九八九年）
五十嵐武士・福井憲彦『世界の歴史　21　アメリカとフランスの革命』（中央公論社、一九九八年）
谷川稔・北川敦・鈴木健夫・村岡健次『世界の歴史　22　近代ヨーロッパの情熱と苦悩』（中央公論社、一九九九年）
柴田三千雄・樺山紘一・福井憲彦『世界歴史大系　フランス史2――16世紀～19世紀なかば』（山川出版社、一九九六年）
池田大作『波瀾万丈のナポレオン』（潮出版社、一九九七年）
エミル・ルドイッヒ（中岡宏夫・松室重行訳）『ナポレオン上・下』（鱒書房、一九四一年）

スタンダール（佐藤正彰訳）『ナポレオン傳』（河出書房、一九四四年）
井上幸治『ナポレオン』（岩波新書、一九七二年）
キース・アデイ（木村尚三郎・福田素子共訳）『ナポレオン』（西村書店、一九八九年）
ティエリー・レンツ（福井憲彦監修）『ナポレオンの生涯』（創元社、一九九九年）
ジョルジュ・ハノートル（大塚幸男訳）『ナポレオン秘話』（白水社、一九九一年）
アンリ・カルヴェ（井上幸治訳）『ナポレオン』（白水社、一九九四年）
山上正太郎『ナポレオン・ボナパルト』（社会思想社、一九九四年）
長塚隆二『ナポレオン上・下』（文春文庫、一九九六年）
本池立『ナポレオン　革命と戦争』（世界書院、一九九二年）
岡本明『ナポレオン体制への道』（ミネルヴァ書房、一九九二年）
専修大学人文科学研究所編『フランス革命とナポレオン』（未來社、一九九八年）
別冊歴史読本　総集編『大ナポレオン百科』（新人物往来社、一九九三）
鶴見祐介『ナポレオン』（潮出版社、二〇〇〇年）
Ｊ・Ｐ・ベルト（瓜生洋一・新倉修・長谷川光一・松嶌明男・横山謙一訳）『ナポレオン年代記』（日本評論社、二〇〇一年）
杉本淑彦『ナポレオン伝説とパリ　記憶史への挑戦』（山川出版社、二〇〇二年）

ポール・ジョンソン（富山芳子訳）『ナポレオン』（岩波書店、二〇〇三年）
ロジェ・デュフレス（安達正勝訳）『ナポレオンの生涯』（白水社、二〇〇四年）
ラス・カーズ編（小宮正弘訳）『セント・ヘレナ日記抄』（潮出版社、一九九九年）
ラス・カーズ（小宮正弘編訳）『セント＝ヘレナ覚書』（潮出版社、二〇〇六年）
アンドレ・マルロー編（小宮正弘訳）『ナポレオン自伝』（朝日新聞社、二〇〇四年）
オクターヴ・オブリ編（大塚幸男訳）『ナポレオン言行録』（岩波文庫、一九八三年）
両角良彦『東方の夢　ボナパルト、エジプトへ征く〈新版〉』（朝日新聞社、一九九二年）
両角良彦『セント・ヘレナ落日　ナポレオン遠島始末〈新版〉』（朝日新聞社、一九九四年）
両角良彦『反ナポレオン考　時代と人間〈新版〉』（朝日新聞社、一九九八年）
鈴木杜幾子『ナポレオン伝説の形成　フランス19世紀美術のもう1つの顔』（筑摩書房、一九九四年）
岩下哲典『江戸のナポレオン伝説　西洋英雄伝はどう読まれたか』（中公新書、一九九九年）
松浦義弘「フランス革命のフランス」『フランス史2』（山川出版、一九九六年）
ティエリー・レンツ（福井憲彦監修・遠藤ゆかり訳）『ナポレオンの生涯』（創元社、一九九九年）
エッカーマン（山下肇訳）『ゲーテとの対話』（岩波文庫、一九九三年）
オクターヴ・オブリ編（大塚幸男訳）『ナポレオン言行録』（岩波文庫、一九八三年）
鹿島茂『怪帝ナポレオンⅢ世　第二帝政全史』（講談社、二〇〇四年）

松井道昭『フランス第二帝政下のパリ都市改造』（日本経済評論社、一九九七年）
坂井栄八郎『ゲーテとその時代』（朝日新聞社、一九九六年）
福吉勝男『ヘーゲルに還る　市民社会から国家へ』（中公新書、一九九九年）
柏倉康夫『エリートのつくり方　―グランド・ゼコールの社会学』（ちくま新書、一九九六年）
篠塚昭次『民法口話　1　民法総則』（有斐閣、一九九二年）
内田　豊『民法　総則・物権総論［第2版］』（東京大学出版会、一九九九年）
宮崎孝治郎『ナポレオンとフランス民法』（岩波書店、一九三七年）
安達正勝『ナポレオンを創った女たち』（集英社新書、二〇〇一年）
安達正勝『ジョゼフィーヌ　革命が生んだ皇后』（白水社、一九八九年）
アラン・ドゥコー（小宮正弘訳）『ナポレオンの母　レティツィアの生涯』（時事通信社、一九八八年）
ジャック・ジャンサン（瀧川好庸訳）『恋するジョゼフィーヌ　ナポレオンとの愛』（中央公論社、一九八二年）
高村忠成『近代フランス政治史』（北樹出版、二〇〇三年）
高村忠成『ナポレオンⅢ世とフランス第二帝政』（北樹出版、二〇〇四年）
高村忠成「近代国家形成過程におけるユゴーとルイ・ナポレオン・ボナパルト」『創価法学』（第二十五巻第一、二合併号、一九九六年二月）

高村忠成「幕末日本とフランス第二帝政の政治状況」『創価法学』（第三三巻第一号、二〇〇三年九月）
『特別ナポレオン展カタログ』（東京富士美術館、一九九九年）
『栄光の大ナポレオン展　文化の光彩と人間のロマン　カタログ』（東京富士美術館、二〇〇五年）
Lucian Regenbogen, *Napoléon A Dit. Aphorismes, citations et opinions Préface de Jean Tulard*, Les belles Lettres, 1998.
Jean Tulard, *Napoléon ou le mythe du sauveur*, Fayard,1997.
Evangeline Bruce, *Napoleon and Josephine. The Improbable Marriage*, A Lisa Drew Book Scribner, 1995.
Owen Connelly, *The French Revolution and Napoleonic Era*, Harcourt College Publishess, 2000.
Christian Cherfils, *Napoleon and Islam From French and Arab Documents*, Utusan Publications & Distributors SDN BHD, 1999.
Ben Weider, *Napoléon Liberté-Égalité-Fraternité*, Les Éditions de l'Homme, 1977.
Eric Cahm, *Politics and Society in Contemporary France*, (1789-1971), G.G,arrap, 1972.

おわりに

ナポレオンとナポレオンⅢ世のことを研究していて感じることは、その未来構想力の豊かさである。ナポレオンが今もって魅力的な理由は、名もない貧乏貴族の家から身を起こし、崇高なフランス革命の理念を掲げてフランスを立て直し、ヨーロッパの統一を図り、ひいては東西両文明の融合を成就しようとした、その勇壮な生き方にある。彼の雄大なヴィジョンと実行力には単なる野心家以上のものを感じる。大志を懐《いだ》き、未来を設計する者とのイメージを彷彿《ほうふつ》とさせる。時代を創造し、未来を切り拓《ひら》くという意味において、まさに稀代《きだい》の英雄といえよう。彼の生涯には、激しい闘志とロマンをかきたてる何かがある。

ナポレオンの甥《おい》であるナポレオンⅢ世も不思議な人物である。ナポレオンの第一帝政崩壊後、ボナパルト家追放令によって、ヨーロッパを転々としながら、いつかボナパルト家の再興を図ろうとの夢を持ち続ける。その執念によって、追放、流浪の身からフランス大統領になり皇帝の地位にまでたどりつく。実に伯父の夢を再現するとのその強い意志には驚嘆せざるを得ない。そして、皇帝になってからは伯父ナポレオン以上の政治、社会、文化面での業績を挙げ、残していく。近代フランスの国民国家の基盤は、ナポレオンⅢ世によって築かれたといっても決して過言ではないのである。

伯父ナポレオンの壮大な夢とロマン、それを受け継ぎ伯父以上の大志と執念を燃やし続け、実現不可能かと思われた理想を実現したナポレオンⅢ世。この二人の人物は、現代の人間の生き方にとっても重要なことを示唆してくれていると思う。

一点目は、人間はいつも夢、理想、大志を懐き続けることが大切であるということである。それらを持たなければ、人間とはいえない。人間は理想や希望に生きるとき、本来の人間になれるといえよう。

二点目は、その夢、理想、大志を実現する実行力を持つことである。夢とか希望は、ある意味では誰でも持てるかもしれない。大事なことは、後はそれを実現する実行力を持つことである。現実を見つめ、具体的に手を打っていくことが肝要である。二人のナポレオンはこの実現力を示している。

三点目は、執念を持ち続けることである。ナポレオンⅢ世のすごいところは、追放の身で、まだ幼い子どもでありながら、三十年以上もボナパルト家再興の執念を燃やし続け、ついにその実現に成功したことである。先人の残した夢でもよい、父親の理想もあるだろう、師の構想も重要である。大事なことは、そうした自分の懐《いだ》いた夢や理想を実現しつづけるとの執念を絶やさないことである。ナポレオンとナポレオンⅢ世の生き方は、こうした人生哲学の一面を示唆してくれているように思える。

本書は、さまざまな機会に講演した内容をもとにまとめました。そのため一部重複する箇所がありますが、あえてそのままにしました。願わくは、本書を通して、社会や人類のために何事かを成し遂げようとの理想に燃えていただければと念願する次第です。

ナポレオン年表

1769年	8月15日、コルシカ島で誕生
1779年	ブリエンヌ幼年学校に入学
1784年	パリの陸軍士官学校に入学
1789年	7月14日、フランス革命勃発 8月26日、人権宣言発布
1792年	革命戦争開始
1793年	国王ルイ16世処刑
1796年	イタリア方面軍最高司令官となる。ジョゼフィーヌと結婚
1799年	ブリュメール（霜月）18日のクーデターに参加。第一執政（大統領）となる
1801年	「宗教協約」（コンコルダート）成立
1804年	「民法典」制定。皇帝に即位
1809年	ジョゼフィーヌと離婚
1810年	マリー・ルイーズと結婚
1811年	ローマ王（ナポレオンII世）誕生

1812年	ロシア遠征
1813年	諸国民の戦争（ライプツィヒの戦い）
1814年	退位。エルバ島に流刑
1815年	復位。ワーテルローの戦い。セント・ヘレナ島に流刑
1821年	5月5日、病死
1832年	ライヒシュタット公（ナポレオンII世）病死
1840年	ナポレオンの遺体、パリに帰る

ナポレオンⅢ世年表

1808年	4月	ルイ・ナポレオン・ボナパルト誕生
1815年		ワーテルローの戦いの後、オルタンス、ボナパルト家追放令にあう
1821年		ナポレオン、セント・ヘレナ島で死去
1830年	7月	七月革命（七月王制成立）
1832年	7月	ライヒシュタット公（ナポレオンⅡ世・ローマ王）病死
1836年	10月	ルイ・ナポレオン、ストラスブールで蜂起
1837年	5月	ノーフォーク（ヴァージニア）へ
	6月	アメリカを去る
	8月	アレネンブルグへ戻る
	10月	オルタンス死去
1838年	10月	アレネンブルグを去る
1838年	10月	イギリスへ渡る
1839年		『ナポレオンの思想』を書く
1840年	8月	ブーローニュで蜂起

1840年	10月	アンの要塞へ幽閉
1844年		『貧困の絶滅』を書く
1846年	5月	イギリスへ逃亡
1848年	2月	二月革命勃発（第二共和制成立）
1848年	9月	憲法により国民議会議員に選出
1848年	12月	共和国大統領に選出
1851年	12月	クーデターを起こす
1852年	12月	皇帝即位（第二帝政成立）、ナポレオンⅢ世となる
1853年	7月	ナポレオンⅢ世、オスマン男爵をセーヌ県知事に任命
1866年		普墺戦争
1867年		メキシコ干渉に失敗
1870年	7月	普仏戦争
1870年	9月	敗北。第三共和国成立
1871年		イギリスへ亡命
1873年	1月	ロンドンで病死

ボナパルト家系図

マリア＝レティチア（母）
＝
シャルル・ボナパルテ（父）

- **長男・ジョゼフ**（スペイン王）
- **次男・ナポレオン（一世）**
  - ＝ジョゼフィーヌ（最初の妻）
  - ＝マリー・ルイーズ（再婚）
    - ナポレオン（二世・ローマ王）
- **三男・リュシアン**
- **長女・エリーズ**（リュッカ大公妃）
- **四男・ルイ**
  - ＝オルタンス（ジョゼフィーヌの先夫の娘）
    - ルイ・ナポレオン・ボナパルト 後に**ナポレオン（三世）**
- **次女・ポリーヌ**
  - ＝ルクレール（最初の夫）
  - ＝ボルゲーズ侯（再婚）
- **三女・カロリーヌ**
  - ＝ミュラ（ナポリ王）
- **五男・ジェローム**（ウェストファリア王）

高村忠成（たかむら・ただしげ）

1943年、東京生まれ。1971年、早稲田大学大学院政治学研究科修士課程修了。

現在、創価大学法学部教授。

主要著書に『政治学』（創価大学出版会、2002年）、『国際政治論』（北樹出版、2005年）、『近代フランス政治史』（北樹出版、2003年）、『ナポレオンⅢ世とフランス第二帝政』（北樹出版、2004年）、『フランスの革命運動1815－71』（ジョン・プラムナッツ、翻訳、北樹出版、2004年）、その他著書、論文多数。

ナポレオン入門――Ⅰ世の栄光とⅢ世の挑戦　**レグルス文庫 262**

2008年2月15日　初版第1刷発行

著　者　高村忠成《たかむらただしげ》
発行者　大島光明
発行所　株式会社　第三文明社
東京都新宿区新宿1-23-5　郵便番号　160-0022
電話番号　03(5269)7145（営業）
03(5269)7154（編集）
URL　http://www.daisanbunmei.co.jp
振替口座　00150-3-117823
印刷所　明和印刷株式会社

©Takamura Tadashige 2008　Printed in Japan
ISBN978-4-476-01262-0
乱丁・落丁本お取り替え致します。
ご面倒ですが、小社営業部宛お送り下さい。送料は当方で負担いたします。

REGULUS LIBRARY

レグルス文庫について

レグルス文庫〈Regulus Library〉は、星の名前にちなんでいる。厳しい冬も終わりを告げ、春が訪れると、力づよい足どりで東の空を駆けのぼるような形で、獅子座〈Leo〉があらわれる。その中でひときわ明るく輝くのが、このα星のレグルスである。レグルスは、アラビア名で〝小さな王さま〟を意味する。一等星の少ない春の空、たったひとつ黄道上に位置する星である。決して深い理由があって、レグルス文庫と名づけたわけではない。ただ、この文庫に収蔵される一冊一冊の本が、人間精神に豊潤な英知を回復するための〝希望の星〟であってほしいという願いからである。

都会の夜空は、スモッグのために星もほとんど見ることができない。それは、現代文明に、希望の冴えた光が失われつつあることを象徴的に物語っているかのようだ。誤りなき航路を見定めるためには、現代人は星の光を見失ってはならない。だが、それは決して遠きかなたにあるのではない。人類の運命の星は、一人ひとりの心の中にあると信じたい。心の中のスモッグをとり払うことから、私達の作業は始められなければならない。

現代は、幾多の識者によって未曾有の転換期であることが指摘されている。しかし、その表現さえ、空虚な響きをもつ昨今である。むしろ、人類の生か死かを分かつ絶壁の上にあるといった切実感が、人々の心を支配している。この冷厳な現実には目を閉ざすべきではない。まず足元をしっかりと見定めよう。眼下にはニヒリズムの深淵が口をあけ、上には権力の壁が迫り、あたりが欲望の霧につつまれ目をおおうとも、正気をとり戻して、たしかな第一歩を踏み出さなくてはならない。レグルス文庫を世に問うゆえんもここにある。

一九七一年五月

第三文明社